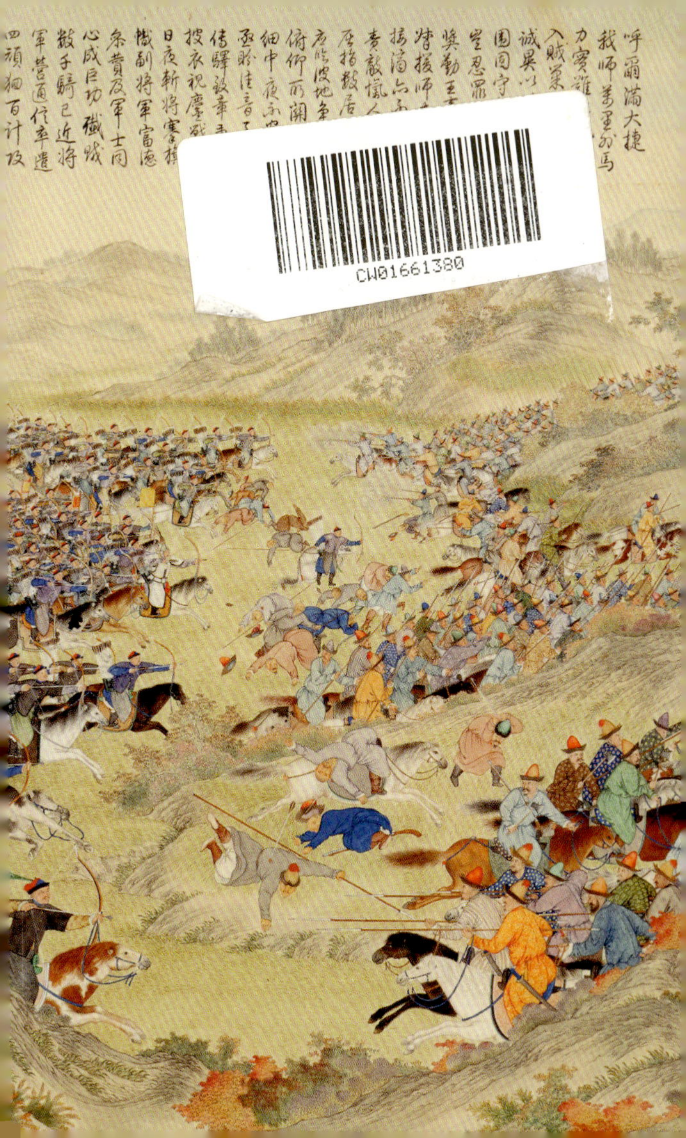
呼爾滿大捷

L'ART
DE LA GUERRE

Sun Tzu

SUN TZU

L'ART DE LA GUERRE

Traduit du chinois
par Philip J. Ivanhoe

Traduction française
Aurélien Clause

Peintures de
GIUSEPPE CASTIGLIONE

SYNCHRONIQUE ÉDITIONS

Remerciements
Flora Blanvillain, Benoît Cannaferina, Aurélien Clause, Claire Mallet

Design de couverture : Gudrun Fricke
Maquette intérieure : Benoît Cannaferina

Illustration de couverture : DK Samco / Shutterstock

Édition originale
Master Sun's Art of War

Édition française publiée en accord avec Eulama International Literary Agency, Rome.

Pour la présente traduction française

ISBN : 978-2-917738-23-8

Synchronique Éditions
33, av. Flouquet - 94240 L'Haÿ-les-Roses

www.synchronique-editions.com

SOMMAIRE

INTRODUCTION

La guerre n'est peut-être pas *la* plus vieille activité du monde, mais c'est sans aucun doute l'une des plus anciennes, des plus troublantes et des plus essentielles : ses conséquences sont dramatiques, radicales et souvent définitives aussi bien pour les individus que pour les États. L'importance de la guerre est résumée par une formule succincte dès les premières lignes de l'*Art de la Guerre de Maître Sun* :

> La guerre est une grave affaire d'État,
> le domaine de la vie et de la mort, la voie
> vers la préservation ou vers la destruction.
> Nul ne peut s'abstenir de l'examiner et
> de l'étudier avec attention.

Ces observations, malgré leur brièveté, devraient nous conduire à nous interroger : pourquoi ne trouve-t-on pas, au sein des grandes traditions philosophiques, de réflexion plus systématique et plus pénétrante sur la nature et la conduite de la guerre ? Dans la tradition occidentale, les deux exemples les plus connus sont relativement récents : *L'Art de la Guerre* (*Dell'arte della guerra*) de Nicolas Machiavel, publié en 1521, et *De la Guerre* (*Vom Kriege*) de Carl von Clausewitz, qui date de 1832[1]. *L'Art de la Guerre de Maître Sun* est de loin le plus ancien exemple de réflexion philosophique menée en profondeur sur les dimensions à la fois stratégiques, organisationnelles et politiques de la guerre. C'est aussi la plus importante : elle a exercé une immense influence non seulement sur la culture chinoise et sur les cultures asiatiques extrême-orientales pendant des milliers d'années mais encore, plus récemment, sur le reste du monde. Sa profonde influence sur Mao Tsé-toung est célèbre : à travers ses écrits et sa personne, *L'Art de la Guerre de Maître Sun* a inspiré et guidé nombre de révolutionnaires, aussi bien que leurs opposants, tout au long du XXe siècle et continue à le faire en ce début de XXIe siècle[2]. Cette remarquable longévité et cette pertinence à travers les âges sont uniques et spécifiques à cette œuvre, que l'on attribue à « Sun le Martial » (*Sun Wu*[3]) et qui fut composée durant la période dite « des Royaumes combattants » (403-221 avant notre ère).

L'influence considérable et toujours croissante de *L'Art de la Guerre de Maître Sun* doit plus à la nature du texte qu'à un aspect de son histoire. Si Sun Tzu s'était contenté d'évoquer des tactiques ou des armes particulières, son œuvre serait rapidement devenue obsolète et n'aurait plus qu'un intérêt purement historique[4]. Toutefois, l'essence de son propos est la stratégie au sens large et c'est cela, ainsi que le traitement exhaustif du sujet, qui ont fait de ce texte une source pérenne d'enseignements pour ceux qui s'appliquent à comprendre et à faire la guerre, mais également pour ceux qui cherchent à appliquer ses leçons à d'autres champs de compétition – la politique, les affaires et le sport… –, où il faut faire face à des conflits et surpasser ses adversaires. Le point de vue particulier de Sun Tzu sur la guerre rend son œuvre particulièrement polyvalente quant à ses interprétations et extrêmement intéressante d'un point de vue politique. À la différence de Mao Tsé-toung, Sun Tzu s'oppose violemment et explicitement à des campagnes militaires de longue durée. Je développerai plus loin sa conception de la guerre : un phénomène qui entre en tension avec la politique au lieu d'en être l'expression ou le prolongement.

Certes, la guerre est un épisode régulier dans l'histoire humaine, auquel il faut se préparer et qu'il faut affronter, mais c'est une aberration. Pour Sun Tzu, la guerre est à la paix ce que la maladie est à la santé. La maladie est une partie inévitable de la vie mais, lorsqu'elle se déclenche, l'objectif est de trouver un traitement rapide et efficace pour recouvrer la santé. Sun Tzu ne glorifie jamais la guerre ni ne savoure l'idée de la victoire. Il est profondément conscient du caractère nuisible de la guerre pour le bien-être des États et de leurs populations. De ce point de vue, *L'Art de la Guerre de Maître Sun* est proche du *Tao te king*, et c'est là l'une des nombreuses et intéressantes similarités qui existent entre ces deux textes.

L'Art de la Guerre de Maître Sun fut composé à peu près à la même période que le *Tao te king* ; ce sont tous deux des textes composites, dont la forme finale doit beaucoup à des éditeurs inconnus. Ces deux œuvres sont brèves, très denses et laconiques ; la première est composée d'environ six mille caractères, tandis que la seconde en comporte environ cinq mille. *L'Art de la Guerre de Maître Sun* et le *Tao te king* ont exercé une influence remarquable tout au long de l'histoire de la Chine. Tous deux ont également profondément influencé d'autres cultures asiatiques d'Extrême-Orient et ont su, à l'époque moderne, trouver un vaste lectorat hors de l'Asie, tout particulièrement en Occident. Il existe toutefois des différences significatives entre ces deux remarquables classiques de la littérature antique. Le *Tao te king* est une œuvre de poésie ; *L'Art de la Guerre de Maître Sun* est un ouvrage en prose, qui se révèle plus méthodique, plus analytique, et qui traite d'un sujet bien plus clair et circonscrit : la guerre. Par conséquent, même si ces deux œuvres ont prêté à de nombreuses lectures différentes, le spectre des possibilités d'interprétation est plus réduit pour *L'Art de la Guerre de Maître Sun*. Pour certains, en effet, le *Tao te king* dispense d'importantes leçons à propos de la guerre, de l'économie et de la conduite des affaires ; quelques exégètes modernes y ont même lu des enseignements concernant les sciences physiques et la philosophie du langage. Néanmoins, on le tient surtout pour un ouvrage traitant de questions éthiques et spirituelles et montrant la voie pour bien vivre sa vie et organiser la société. *L'Art de la Guerre de Maître Sun* ne se prête pas à de si nombreuses lectures ; il ne dispense aucune leçon spirituelle ou éthique, ni ne décrit une philosophie de vie ou un ordre social idéal. C'est un ouvrage qui parle du conflit et de la stratégie. Sa seule finalité est de décrire les moyens de parvenir à la victoire.

LE TEXTE ET SON AUTEUR

On considère traditionnellement *L'Art de la Guerre de Maître Sun* comme l'œuvre d'un auteur unique, « Sun le Martial », qui vécut et écrivit entre la fin du VIe siècle et le début du Ve siècle avant notre ère, ce qui en fait un contemporain de Confucius. Un fort consensus parmi les spécialistes d'aujourd'hui en offre une vision fort différente : le texte serait en fait composé de diverses sources, écrites par diverses mains, et daterait d'une période bien postérieure, celle des Royaumes combattants (403-221 av. J.-C.). L'auteur présumé ne serait pas une figure historique mais une personnalité idéalisée. Lorsque le texte cite les propos de « Maître Sun », il les présente comme les enseignements d'un seul et même homme, un militaire et un sage ayant vécu dans l'Antiquité[5], alors qu'ils proviennent de nombreuses sources différentes. Néanmoins, il ne faut pas exagérer l'importance de ces découvertes à propos du texte et de son auteur. Tout d'abord, nous n'avons pas en notre possession d'informations claires concernant celui qui rassembla ce texte et qui l'édita dans son état actuel ; cet ouvrage peut être le fruit d'un processus d'accrétion et d'édition long et disparate, tout comme celui d'une tâche limitée dans le temps accomplie par un nombre restreint de personnes. D'autre part, le fait qu'un texte soit composé de sources différentes n'implique pas qu'il manque de cohérence ou que son style ne soit pas homogène ; un éditeur ou des éditeurs peuvent forger, à partir d'éléments extrêmement variés et hétérogènes, un tout homogène et cohérent, tout comme un bon couturier peut produire un chef-d'œuvre à partir de vieilles loques.

L'une des avancées les plus importantes concernant notre compréhension du texte et de sa paternité provient d'une découverte archéologique récente. En 1972, un ensemble de tombes datant de la fin de la dynastie Han (entre 140 et 118 avant notre ère) fut mis au jour au Mont du Moineau d'Argent, dans la région actuelle du Shandong. Parmi les éléments découverts figurait une cache très importante de textes écrits sur de minces lames de bambou, dont de nombreux textes militaires. La plupart d'entre eux étaient incomplets et fragmentés mais on y trouva la plus ancienne copie connue de *L'Art de la Guerre de Maître Sun* ainsi qu'une œuvre jusqu'ici inconnue, *L'Art de la Guerre de Sun Pin*. Cette œuvre résolut une controverse de longue date concernant le personnage de Sun Pin. Traditionnellement, il était considéré comme un lointain descendant de Sun Tzu et comme l'auteur d'une œuvre « perdue » sur les arts militaires. Grâce aux découvertes faites au Mont du Moineau d'Argent et aux éléments récemment mis au jour sur d'autres sites archéologiques, nous pouvons dire à présent avec une certaine assurance que Sun Tzu est un mythe tandis que Sun Pin, lui, fut bien une personne ayant réellement existé : un homme des plus remarquables qui vécut, travailla et écrivit au IVe siècle avant notre ère.

Même si *L'Art de la Guerre de Maître Sun* ne fut pas écrit par une seule et même personne historique, le texte n'en prit pas moins rapidement une place prépondérante au sein du genre spécifique des « écrits militaires », tout comme au sein du noble canon des classiques chinois. Comme tel, il fut analysé et étudié, ce qui donna lieu à de nombreuses exégèses grâce à un vecteur intellectuel spécifique : le commentaire écrit, qui élucide tout autant qu'il enrichit souvent les concepts des œuvres classiques originales. Le premier commentaire de *L'Art de la Guerre de Maître Sun* fut écrit par l'un des hommes d'État et des stratèges les plus renommés de l'histoire de la Chine, le redoutable Ts'ao Ts'ao (155-220) de la dynastie Han, commentaire qui eut un profond impact sur la réception postérieure du texte[6] et dont les effets perdurent aujourd'hui. Si Platon avait rédigé un ouvrage sur la guerre et si Alexandre en avait laissé un commentaire écrit, ces textes auraient probablement exercé une influence similaire en Occident et fait l'objet d'exégèses aussi nombreuses.

CONTEXTE HISTORIQUE

Dans le film noir *Le Troisième Homme* (1949), le personnage de Lime, interprété par Orson Welles, déclare avec ironie : « *L'Italie des Borgia a connu trente ans de guerre, de terreur, de meurtre et de sang, mais en sont sortis Michel-Ange, Léonard de Vinci et la Renaissance. La Suisse a connu la fraternité et cinq cents ans de démocratie. Et ça a donné quoi ? Le "coucou" !* » Ces propos n'expriment pas, bien sûr, une quelconque « loi » de l'histoire ou du développement des sociétés, mais force est de constater que les temps de violents conflits donnent souvent lieu, en effet, à de remarquables avancées technologiques et culturelles. Il n'y a là rien de choquant ou de surprenant : durant ces périodes, les hommes doivent impérativement trouver de nouvelles réponses à des problèmes pressants, qu'ils soient sociaux ou scientifiques. Bien souvent, les sociétés réunissent d'importantes ressources pour soutenir cette recherche et ces innovations ; elles parviennent à concentrer l'attention et l'énergie collectives d'une manière inégalée sous la pression de telles crises. Bien que ce ne soit pas toujours le cas, « Nécessité est souvent mère de l'Invention ».

L'Art de la Guerre de Maître Sun vit le jour dans un âge « *de guerre, de terreur, de meurtre et de sang* » connu sous le nom de « Période des Royaumes combattants ». Cette période couvre la dernière partie de la dynastie Tcheou de l'Est (1045-256 avant notre ère) et son prolongement, et culmine dans l'unification de la Chine et dans la fondation de la dynastie Ts'in (d'où nous tirons le terme vaguement homophone de « Chine ») en 221 avant notre ère. Le nom de cette période provient du titre d'une œuvre composée durant la dynastie Han, *Les Stratagèmes des Royaumes combattants* (*Tchan kouo ts'e*). Ce fut une époque d'âpres luttes et de grandes souffrances, engendrées par le déclin de la dynastie Tcheou et le développement de la rivalité et des conflits militaires entre les États auparavant vassaux : libérés du pouvoir des Tcheou, ces États devinrent rivaux dans la course au trône.

Le personnage de Lime serait ravi d'apprendre que la période des Royaumes combattants fut une époque de grande créativité, marquée par de remarquables innovations. Elle connut le développement de l'ère dite « des cent écoles » de philosophie : une période de spéculation et de diversité philosophiques sans rivale dans l'histoire de l'humanité. Elle vit également l'émergence de croyances et de pratiques nouvelles et imaginatives concernant la mortalité humaine.

Alors que la stabilité et la sécurité du vieil ordre des Tcheou commençaient à chanceler, et que le monde semblait hors de contrôle, les peuples cherchèrent de nouvelles manières de comprendre et, d'une certaine manière, de maîtriser le chaos grandissant dans lequel ils se trouvaient plongés. L'activité militaire croissante durant la Période des Royaumes combattants fut sans aucun doute l'une des causes directes du développement du scepticisme philosophique et religieux qui marqua cette époque, ainsi que de l'anxiété générale concernant la vie et la mort, leur entre-deux et la vie dans l'au-delà. Afin de conquérir les cités rivales et d'unifier la Chine entière, ce qui était leur ambition politique majeure, les seigneurs de la Période des Royaumes combattants s'appuyèrent chaque jour davantage sur les « solutions » militaires. Ceci encouragea le développement d'un grand nombre de technologies guerrières et fit naître un nouveau genre de conseiller ou de consultant spécialisé : les experts en stratégie militaire, à l'instar de Sun Tzu.

Cette période fut également celle d'un profond changement dans la conception et la pratique de la guerre. Avant la Période des Royaumes combattants, faire la guerre était une activité aristocratique et ritualisée. Les armées étaient bien plus modestes et les opérations étaient contrôlées par des aristocrates qui observaient même à la guerre une sorte de code de conduite chevaleresque. Pour exemple, il existe un récit célèbre dans le *Commentaire de Tsouo* (*Tsouo-tchoan*) des *Annales des Printemps et Automnes* (*Tch'ouen ts'ieou*), qui décrit comment le Duc de Song engagea le combat contre une force d'invasion bien plus importante menée par Tch'ou, au printemps 637 avant notre ère. La bataille se déroula sur les rives de la rivière Hong. L'armée de Song l'avait déjà traversée, avait formé ses rangs et attendait les forces de Tch'ou qui commençaient à passer à gué. Tse-yu, le ministre de la guerre de Song, conseilla vivement au duc d'attaquer immédiatement, avant que la totalité des forces de Tch'ou puisse traverser le fleuve. Face à une armée numériquement supérieure, Tse-yu conseilla avec raison cette stratégie, qui aurait permis à Song d'engager le combat contre une faible partie de l'armée de Tch'ou (les troupes qui avaient déjà franchi le fleuve), pendant que le reste s'embourbait dans sa traversée[7]. Toutefois, le duc ne suivit pas son conseil. Avec une inquiétude et une frustration croissantes, Tse-yu insista auprès du duc : il devait attaquer dès que les forces de Tch'ou auraient traversé le fleuve mais avant qu'elles n'aient pu reformer les rangs, afin de tirer au moins avantage de leur désorganisation. Le duc refusa à nouveau. Il se garda d'attaquer avant que son ennemi eût complètement traversé le fleuve et formé ses rangs. Le résultat fut une cuisante défaite pour Song, sous les coups des forces assemblées de Tch'ou ; le duc lui-même fut blessé à la cuisse. En expliquant son choix, le duc décrivit en fait l'ancien idéal guerrier de l'aristocratie[8] :

> Un gentilhomme n'inflige pas de seconde blessure, ni ne fait prisonnier des hommes grisonnants. Il ne tire pas avantage d'un ennemi qui effectue une traversée pénible ou se trouve dans un passage étroit. Bien que je ne sois que l'humble représentant des vestiges d'un État perdu, je n'ordonne pas d'attaquer avant que mon ennemi n'ait formé ses rangs.

Tse-yu répondit à ces propos nobles et touchants en formulant la nouvelle conception de la guerre qui commençait à émerger :

Mon seigneur ne comprend pas la guerre. Avoir un ennemi puissant aux prises avec une traversée difficile, et incapable de former sur l'heure ses rangs, est une bénédiction du Ciel. N'est-il pas parfaitement permis d'ordonner l'attaque tandis que l'ennemi doit souffrir un tel désavantage ? De quoi faudrait-il s'inquiéter ? De plus, tous les hommes forts qui s'opposent aujourd'hui à nous sont nos ennemis. Nous devrions faire prisonniers jusqu'aux plus vieux guerriers du moment que nous pouvons les capturer ! Pourquoi se soucier d'eux, simplement parce que certains ont les cheveux gris ? Si nous insistons sur la notion de déshonneur quand nous entraînons nos soldats au combat, c'est parce que nous voulons qu'ils tuent l'ennemi. Si la blessure que nous infligeons n'est pas mortelle, pourquoi hésiter à frapper encore ? Si l'on se retient d'infliger une seconde blessure, c'est en quelque sorte comme si l'on s'interdisait d'infliger la moindre blessure. Si l'on se retient de faire prisonniers

> les hommes grisonnants, c'est en quelque sorte comme si l'on capitulait.

Tse-yu décrit là une conception plus réaliste de la guerre. Celle-ci commençait à être considérée comme une tâche pratique – et non plus comme un rituel –, une sorte de travail et, comme la Période des Royaumes combattants le prouva, le climat était propice aux affaires. Cette évolution dans la conception de la guerre se produisit de concert avec de remarquables développements dans les technologies guerrières.

La Période des Royaumes combattants vit la découverte et la prolifération des technologies de « l'Âge du Fer », qui mena au remplacement des armures, boucliers et armes de bronze de l'ère précédente. Cette période fut également celle du premier usage de la cavalerie, déployée aux côtés des antiques chariots de guerre utilisés par les anciens guerriers aristocratiques[9]. Les chariots demeurèrent l'arme centrale des armées chinoises, à tel point que l'on mesurait la puissance d'un État par le nombre de chariots qu'il pouvait déployer[10]. Les chariots étaient les piliers de la force militaire de la dynastie Ts'in, et continuèrent à être utilisés durant les premières années de la dynastie Han de l'Est (206-24 avant notre ère). La longévité de ces chariots provint pour beaucoup de leur vitesse, de leur manœuvrabilité et de leur puissance de feu, ainsi que de leurs caractéristiques particulièrement adaptées aux terrains du Nord et du Centre de la Chine ; les paysages les plus distinctifs en sont les vastes plaines encadrant le cours inférieur du Fleuve Jaune au Nord et du Fleuve Yang-tseu au Sud. Les chariots à quatre chevaux portaient généralement un équipage de deux à trois soldats, conducteur compris, qui pouvait recourir à de nombreuses armes différentes. Les chariots étaient également utilisés pour le commandement : ils devenaient des plateformes mobiles pour les bannières et les tambours grâce auxquels on dirigeait les mouvements des troupes. L'usage des chariots évolua avec le temps. Par exemple, aux époques ultérieures, des fers de lance furent placés aux bouts des deux axes afin de créer une arme anti-infanterie. Cette arme joua un rôle particulièrement important durant la Période des Royaumes combattants, où l'on utilisa pour la première fois l'infanterie en masse. Des armées de dizaines ou de centaines de milliers d'hommes foulèrent les champs de bataille lors de guerres d'expansion toujours plus meurtrières.

Les premières arbalètes découvertes en Chine datent du VIe siècle avant notre ère, mais leur usage ne se répandit pas avant le milieu du IVe siècle avant notre ère. On continua, en effet, à utiliser l'arc composite car les deux armes offrent des avantages tactiques distincts. L'arbalète a l'avantage de la longue portée, d'une puissance de pénétration dévastatrice, d'un faible coût et d'un usage aisé, qui ne nécessite pas de niveau technique élevé. On pouvait donc rapidement former de nombreuses escouades d'arbalétriers, les équiper pour un coût modeste et produire une terrible puissance de feu s'ils étaient convenablement déployés. D'un autre côté, les archers conventionnels, armés d'arcs composites, jouissaient d'une cadence de tir supérieure ; leur arme était également plus légère et facile à manier, ce qui les rendait indispensables, plus particulièrement encore lorsque la cavalerie devint un élément militaire décisif dans les armées chinoises.

L'équipement des fantassins d'alors comportait des armures légères, différentes armes et des boucliers. En plus des épées, les piques, les lances et les dagues-haches (des lances avec des lames tranchantes) faisaient partie des armes les plus prisées et les plus meurtrières. L'art de la guerre devint de plus en plus exigeant et complexe à cette période : les États réunissaient des armées massives, composées de chariots, de fantassins, puis de cavaliers, équipés d'une panoplie toujours plus nourrie d'armes, d'armures et de machines de guerre, tout cela nécessitant ravitaillement, renfort et commandement – d'autant que ces armées étaient déployées pour des campagnes lointaines sur de longues périodes. La nature des combats exigeait des systèmes logistiques sophistiqués afin de lever, d'entraîner, de nourrir et de contrôler des troupes extrêmement nombreuses, de subvenir à leurs besoins sur le champ de bataille, de les concentrer avec efficacité sur leurs cibles et leurs objectifs, et de les mener de manière décisive à accomplir leur mission et à remporter la victoire.

La guerre donna donc naissance à toute une bureaucratie destinée à gérer la logistique et à des experts militaires spécialisés ; elle engendra également l'art de l'organisation et de la stratégie, qui prirent forme et influencèrent à leur tour la conception, le développement et la pratique de la guerre à travers des ouvrages tels que *L'Art de la Guerre de Maître Sun*.

IDÉES CENTRALES

L'Art de la Guerre de Maître Sun dépeint la guerre comme faisant partie intégrante de la condition humaine. Comme nous l'avons dit plus haut, le texte considère le conflit comme un élément inéluctable de l'existence et, lorsqu'il se produit à l'échelle des États, il peut se manifester sous la forme d'une guerre. On retrouve ici l'expression de deux notions largement répandues dans la philosophie et la culture chinoises : celles, antithétiques mais complémentaires, de *wen* (« le culturel ») et de *wu* (« le martial »). Les sociétés semblent alterner entre ces deux états d'une période à l'autre, mais les Chinois tendent à considérer le second comme une sorte de déviance, bien qu'inévitable, de l'ordre normal des affaires humaines. L'idéal est de maintenir un état de paix, d'harmonie et de prospérité ; la guerre est vue comme une perversion de cette norme, un phénomène temporaire que l'on doit endurer afin que le monde puisse revenir à cet état de paix. Cette considération générale expliquerait en partie pourquoi Sun Tzu insiste tant sur le fait que les campagnes militaires doivent être brèves et décisives.

Le statut inférieur de la guerre et de ceux qui la mènent est évident dans la culture chinoise. Un exemple classique, célèbre et de poids, de la valeur supérieure du civil sur le militaire figure dans les commentaires de Confucius à propos de la musique de cour à travers les âges. Confucius proclamait que la plus haute forme de musique était le *Chao*, celle de la cour du légendaire sage-empereur Chun. Il nous rapporte le profond effet que cette musique avait sur lui dans les *Analectes*, 7, 14 : « Le Maître entendit le *Chao* à Ts'i et, pendant trois mois, il ne sentit plus le goût de la viande qu'il mangeait. Il déclara : "*Jamais je n'aurais cru que les joies de la musique puissent atteindre de tels sommets !*" » Noble lui aussi, mais clairement en deçà du *Chao*, le *Wu* était la musique du roi éponyme (Wu, « martial ») qui détrôna le dernier roi malfaisant et débauché de la dynastie Chang pour fonder la dynastie Tcheou[11]. Dans les *Analectes*, 3,

25, Confucius décrit les vertus respectives de ces deux genres de musique : « Le *Chao* est à la fois parfaitement beau et parfaitement bon. Le *Wu* est parfaitement beau, mais il n'est pas parfaitement bon. » La différence réside dans le fait que le premier représente un âge de paix et d'harmonie, une ère de *culture* parfaite, tandis que le second représente un âge de conquêtes légitimes ou de mise en pratique idéale de la puissance *militaire*. Les vertus de l'unité, de l'ordre, de l'harmonie et de la modération sont présentes dans les deux mais ces vertus – et tout particulièrement les deux dernières – ne peuvent être parfaitement et entièrement exprimées que dans la musique *Chao*. Cette idée générale, qui accorde davantage de mérite à la culture qu'à la puissance militaire, a persisté jusqu'à nos jours en Chine. Les exploits militaires, certes appréciés, sont toujours considérés comme très inférieurs aux exploits culturels. Un célèbre proverbe chinois dit : « Le bon fer ne sert pas à faire des clous ; les bons hommes ne servent pas à faire des soldats. » Cette vision est diamétralement opposée aux slogans modernes de recrutement de l'armée américaine, tels ceux des *Marines* : « Le Corps des Marines construit des hommes » ou

« Les Marines recherchent quelques hommes de valeur[12]. » Malgré les épreuves de la guerre, de la révolution et l'adulation de Mao Tsé-toung, il est important d'avoir à l'esprit que, de manière générale, l'expérience militaire n'est pas hautement considérée par les Chinois d'aujourd'hui. Elle ne joue presque aucun rôle dans les discussions ou les débats à propos des personnes les plus qualifiées pour diriger le pays, ce qui contraste de façon frappante avec une culture comme celle des États-Unis où, lors d'une campagne électorale, de bons états de service militaire confèrent presque toujours un fort avantage. Cet état d'esprit différencie clairement les conceptions des Chinois quant à la guerre et à la politique de la thèse présente chez Machiavel et rendue célèbre par Clausewitz : la guerre ne serait que la continuation de la politique par d'autres moyens[13].

L'Art de la Guerre de Maître Sun exprime le regard que portent les Chinois sur la guerre, un abandon malheureux des activités convenables de la vie, mais il fait face à cette menace sans détour et traite la conduite de la guerre comme un problème pratique. Ce faisant, il prend ses distances avec l'ancienne vision de la guerre qui soumet celle-ci à des règles hautement morales, non seulement quant à ses justifications, mais également quant à la façon de la mener ou à la bonne conduite à adopter en fin de conflit – vision que l'on retrouve chez des penseurs plus anciens, tels que Confucius et ses disciples. De ce point de vue, *L'Art de la Guerre de Maître Sun* est indéniablement un produit de son époque. Pour le malheur de l'humanité, la guerre poursuit avec ténacité ses intrusions dans l'histoire, perturbant et détruisant régulièrement des périodes de paix, d'harmonie et de prospérité. La vision traditionnelle chinoise d'une alternance de périodes de guerre et de paix (« le martial » et « le culturel »), dépeint avec justesse un thème récurrent, bien que regrettable de l'histoire humaine. De ce point de vue, bien qu'étant le fruit de son temps, *L'Art de la Guerre de Maître Sun* continue de dispenser des enseignements d'une grande pertinence pour notre époque.

Dans la conception moderne de la guerre, « donner forme à l'espace de combat » exprime l'objectif général de créer des situations sur le champ de bataille propres à offrir un avantage tactique au commandant. *L'Art de la Guerre de Maître Sun* traite ce sujet dans de nombreux passages.

L'essentiel des chapitres 4 à 6 se concentre sur ce que les tacticiens modernes nomment « la formation de l'espace de combat ». Sun Tzu emploie des termes spécifiquement artistiques pour décrire les différentes manières de lui donner forme. Le titre du Chapitre 4 est « Le Positionnement des Forces » (*xing*), et le sens premier de ce terme chinois est « forme » ou « apparence ». Le chapitre expose les différents types de déploiement, les stratégies à adopter et les qualités humaines à l'œuvre dans une campagne militaire victorieuse. Un autre thème présent dans ce chapitre, et qui parcourt toute l'œuvre, est l'idée que, pour maîtriser la stratégie, il est nécessaire de s'engager dans une démarche de développement de soi : celui qui cherche à fouler le chemin de la victoire doit se maîtriser lui-même, tout comme il doit maîtriser les leçons de la guerre. Le caractère et le comportement qu'un général apporte au conflit sont aussi importants que les troupes et l'équipement qu'il peut rassembler, et peuvent être tout aussi décisifs quant au dénouement d'une bataille ou de la guerre. Le titre du chapitre 5 est « Le potentiel stratégique » (*shi*), une notion complexe et difficile à définir qui provient des philosophies et stratégies chinoises antiques. L'idée centrale est qu'il existe une structure et un potentiel cachés au sein de chaque situation ou condition, qui peuvent être mis en jeu et exploités afin d'en tirer profit. La notion moderne de point critique offre une illustration du potentiel stratégique à l'œuvre, tout comme l'idée de trouver et de briser la pierre de voûte d'un immense édifice pour le faire s'effondrer. L'intérêt de Sun Tzu pour le potentiel stratégique se concentre sur les manières dont une bonne planification peut exploiter des forces inhérentes au champ de bataille et dont le général astucieux peut en faire usage d'une façon décisive. Le titre du Chapitre 6, « Fragilité et Solidité » (*xushi*), reprend deux termes du langage philosophique de la Chine antique pour les appliquer à la sphère guerrière. Cette paire de caractères chinois offre un large spectre d'idées contraires mais complémentaires. Le contraste le plus fondamental s'inscrit entre les choses amorphes, informes et indistinctes (*xu*), et celles qui sont solides, formées et clairement visibles (*shi*). Sun Tzu s'intéresse évidemment à la manière dont ces idées se traduisent sur le champ de bataille. Elles le font notamment en montrant que, sous des conditions précises, une force plus grande réside dans la fragilité. Si les forces d'un général ne peuvent être vues clairement, ou si ses rangs se laissent aisément découvrir par les éclaireurs ennemis, dans l'unique but de précipiter ce dernier dans un piège inattendu et dévastateur, l'apparente faiblesse de la fragilité peut mener à triompher de ce qui est stable, ferme et « solide ». Une autre variation sur ces notions complémentaires est que ce qui est fragile peut s'assembler, et donner soudain naissance à un massif rempart de « solidité ». De simples gouttes d'eau peuvent s'agglomérer, s'élever, et s'abattre en une puissante lame ; même les brises les plus faibles et douces peuvent se rassembler pour engendrer une tempête violente et destructrice. D'une manière analogue, des troupes dispersées sur une grande étendue, qui présentent à l'ennemi une ligne de défense apparemment mince et « faible », peuvent être promptement assemblées en une masse d'hommes « solide » pour infliger un coup terrible. Sun Tzu explore les notions de fragilité et de solidité, et leur implication pour l'usage de la force militaire, dans l'objectif de remporter la victoire.

Cette brève introduction ne peut rendre légitimement justice à l'ensemble des idées profondes et complexes contenues dans *L'Art de la Guerre de Maître Sun*. Comme indiqué précédemment, le texte a fait naître une tradition d'exégèse extrêmement riche et durable, qui continue de croître à notre époque, ce vénérable classique inspirant et suscitant sans cesse de nouvelles réflexions à chaque génération de lecteurs.

CONCLUSION

Contrairement à ce que pensait le noble Protagoras, l'homme n'est pas la mesure de toutes choses. Il était cependant près de la vérité : nous sommes les *mesureurs* de toutes choses. Si nous sommes des sages, les choses parmi les plus importantes que nous mesurons sont nous-mêmes, et, à la guerre, les êtres humains jouissent d'une opportunité unique de prendre la mesure de ce qu'ils sont, pour le meilleur et pour le pire. La guerre ne menace pas seulement les individus, mais aussi la société en tant que tout, et dans de telles conditions, les hommes font preuve d'un anormal degré d'empressement, de créativité, de coopération, et de sacrifice ; ils font également preuve de quelques-uns de leurs traits les plus vils et les plus pervers envers leur prochain, les autres créatures, et le monde en général. Par conséquent, le sage suivra le conseil de Sun Tzu au sujet de la guerre : « Nul ne peut s'abstenir de l'examiner et de l'étudier avec attention ».

La guerre donne aux êtres humains une opportunité unique d'agir à la fois avec vertu et avec vice. Bien que le courage ne soit absolument pas réservé aux temps de guerre, cette vertu voit nombre de ses exemples les plus visibles et poignants dans les actes d'héroïsme physique sur le champ de bataille. Dans de telles circonstances, le danger immédiat et le dernier sacrifice sont la norme, et les conséquences sont généralement directes, univoques et dramatiques. De grands textes sur le courage, tels que ceux d'Aristote[14], décrivent celui-ci presque exclusivement comme une qualité martiale. Le vice est l'ombre froide et sombre de la vertu ; des traits de caractère tels que la cruauté ne sont pas étrangers au champ de bataille, et le concept de cruauté lui-même est mis à l'épreuve dans le creuset de la guerre, où les choix difficiles font partie de la vie, et ou les timorés, les doux et les indécis ne peuvent survivre.

Parce que la guerre est une question de vie ou de mort, et se révèle être le stade ultime du conflit, elle sert souvent de métaphore afin d'illustrer d'autres types de rivalités et de luttes, et ses caractéristiques et qualités particulières enrichissent notre capacité à comprendre et à exprimer d'importantes facettes de ces autres dimensions de l'activité humaine. Il arrive qu'on parle de concurrence économique ou de compétition athlétique comme de « batailles » ou de « guerres », et nombre d'enseignements peuvent être tirés de telles comparaisons. Tout comme la guerre, ces activités impliquent parfois une âpre lutte, demandent des efforts importants tendus vers un même but et des sacrifices, et se terminent souvent avec des gagnants et des perdants clairement identifiables. D'un autre côté, bien que ces métaphores martiales aident à se représenter certaines facettes fondamentales des activités sportives ou économiques, elles peuvent aussi déformer ou pervertir notre vision de ces champs de la vie humaine. En effet, contrairement à la guerre dont la mort et la destruction sont constitutives, la compétition sportive et la concurrence économique ne requièrent pas et ne se solde presque jamais par le meurtre, la mutilation, ou la destruction à grande échelle. Invoquer la métaphore de la guerre pour ces activités peut certes exprimer la profondeur de notre engagement afin de remporter de telles victoires, mais exagère également jusqu'où nous voulons et pouvons aller, et peut déformer la nature de tels efforts.

À travers tous ces exemples, nous pouvons voir à quel point un certain nombre des caractéristiques essentielles de la guerre peut se retrouver dans notre vie en général. Bien d'autres activités sont des formes de lutte, de rivalité, nous appellent à nous engager et à faire des sacrifices, suscitent et mêlent en nous des amours et des haines intenses, et requièrent non seulement de connaître notre adversaire, mais aussi de nous connaître nous-mêmes. Sun Tzu exprime cette dernière idée d'une manière particulièrement élégante et célèbre : « Connais ton ennemi et connais-toi toi-même, et cent batailles ne te mettront jamais en péril »[15]. Les aspects de la guerre évoqués plus haut permettent de comprendre pourquoi l'intérêt porté à *L'Art de la Guerre de Maître Sun* ne s'est jamais limité à celui des soldats de métier et des spécialistes de la guerre. L'œuvre traite de sujets qui s'étendent bien au-delà du champ de bataille et qui, de fait, constituent des éléments inhérents à la vie humaine; c'est pourquoi elle continue de passionner un public large et varié. Les écrits de Mao Tsé-toung au sujet de la guerre font partie de l'héritage de Sun Tzu, tout comme les débats contemporains concernant son œuvre parmi les stratèges militaires, les hommes d'affaires et les joueurs d'échecs chinois (*weiqi*[17]) dans le monde entier. Comme tous les classiques, *L'Art de la Guerre de Maître Sun* ne contient pas un nombre limité de leçons, ni ne suscite des interprétations arrêtées et définitives. Il présente un ensemble de sujets, de thèmes et d'idées stimulants, ouvre la voie à la réflexion et à la recherche, et invite ses lecteurs à se les approprier par l'imagination, la pensée, l'action, et dans leur propre vie, afin de trouver et de redécouvrir de nouvelles manières d'aborder les phénomènes insaisissables, changeants, menaçants mais aussi fascinants qui ont trait au conflit, et d'y répondre avec succès.

P. J. Ivanhoe

L'ART
DE LA GUERRE

1. ÉVALUER

Maître Sun dit :

« La guerre est une grave affaire d'État, le domaine de la vie et de la mort, la voie vers la préservation ou vers la destruction. Nul ne peut s'abstenir de l'examiner et de l'étudier avec attention. Aussi mène-la en tenant compte de cinq principes et procède à une comparaison rigoureuse entre ton ennemi et toi-même afin d'examiner et d'étudier les conditions réelles du conflit.

Le premier principe est la doctrine.
Le second principe est le temps[1].
Le troisième principe est le terrain.
Le quatrième principe est
le commandement.
Le cinquième principe est la méthode.

Par "doctrine", j'entends ce qui conduit les hommes à être en accord avec leur supérieur et ce qui les persuade de le suivre à la vie et à la mort sans aucune crainte du danger[2].

Par "temps", j'entends le *yin* et le *yang*[3], la lumière et l'obscurité, le chaud et le froid, et l'alternance des saisons.

Par "terrain", j'entends la distance ou la proximité, la difficulté ou l'aisance de passage, l'ouverture ou l'étroitesse du champ pour manœuvrer, et comment tout ceci favorise la vie ou la mort.

Par "commandement", j'entends la sagesse, la fiabilité, la bienveillance, le courage et la fermeté dans la discipline.

Par "méthode", j'entends la structure organisationnelle, le commandement et le contrôle, la logistique et l'utilisation adéquate des ressources.

Ces cinq principes sont familiers à tout général. Qui les comprend est victorieux ; qui échoue à les comprendre est vaincu.

Aussi, procède à une comparaison rigoureuse entre ton ennemi et toi-même et détermine les conditions réelles du conflit. De vous deux :

> Qui s'appuie sur la meilleure doctrine ?
> Qui est le plus compétent ?
> À qui profitent le temps et le terrain ?
> Qui voit ses méthodes et ses ordres
> les plus efficacement exécutés ?
> Qui possède les troupes les plus puissantes ?
> Qui possède les soldats les mieux entraînés ?
> Qui suit une politique claire et juste
> en matière de châtiments et de promotions ?

À l'examen de ces éléments, je sais qui vaincra et qui sera défait. Si le souverain écoute mes conseils et m'emploie, il sera vainqueur ; aussi resterai-je. Si le souverain n'écoute pas mes conseils bien qu'il m'emploie, il sera vaincu ; aussi m'en irai-je.

Après avoir procédé à une évaluation correcte des avantages de chacun, tu dois t'employer à exploiter le potentiel stratégique[4] afin de tirer profit de tes avantages et d'accroître ceux-ci. Le potentiel stratégique te permet de faire usage de tes avantages afin de maîtriser l'équilibre des forces.

L'essence de la guerre est la tromperie. Aussi, lorsque tu as la capacité de frapper, parais ne pas l'avoir. Lorsque tu es affairé à déployer tes troupes et ton matériel, parais oisif. Lorsque tu es proche, semble éloigné. Lorsque tu es éloigné, semble proche. Exploite la perspective d'un bénéfice pour appâter tes ennemis. S'ils sont désorientés et désorganisés, empare-toi d'eux. S'ils sont puissants et bien protégés, prépare-toi. S'ils sont forts, évite-les. S'ils sont en colère, provoque-les. S'ils sont lâches et pusillanimes, encourage-les à être fiers et arrogants. S'ils se reposent, harcèle-les. S'ils sont unis, divise-les. Attaque dès lors qu'ils n'y sont pas préparés. Apparais là où ils t'attendent le moins. C'est ainsi que le guerrier éclairé remporte la victoire; n'en divulgue rien avant de combattre.

Avant de livrer bataille, procède à une évaluation précise de la situation dans quelque temple ancestral[5]. Qui a le plus grand nombre de facteurs en sa faveur remportera la victoire. Qui a le moins de facteurs en sa faveur sera défait. Comme sont plus mauvaises encore les perspectives de celui qui n'a *aucun* facteur en sa faveur !

Lorsque je considère les choses sous cet angle, il est aisé de voir qui remportera la victoire. »

2. FAIRE LA GUERRE

Maître Sun dit :

« Dès lors que tu déploies une armée, tu as besoin :

d'un millier de chars de combat,
d'un millier de chariots légers et lourds,
d'une centaine de milliers de fantassins en armure,
et d'assez de provisions pour subvenir aux besoins des troupes si elles stationnent à mille kilomètres[1].

À ceci s'ajoutent :

les dépenses internes au pays et à l'étranger,
les ressources pour envoyer et recevoir des ambassadeurs,

les matériaux nécessaires aux réparations, l'entretien des véhicules et des armures.

Le coût de tout cela s'élève à mille pièces d'or par jour. Un général ne peut lever une armée d'une centaine de milliers d'hommes que s'il possède les fonds requis.

Le but de la guerre est la victoire. Quand la guerre se prolonge et perdure, les troupes s'émoussent et s'amollissent. Assiéger des cités épuise leurs forces. Si tu mobilises l'armée sur de longues périodes, les ressources de la nation se révèleront insuffisantes. Si les troupes s'émoussent et s'amollissent, elles se videront de leur force et les provisions s'épuiseront ; les seigneurs féodaux tireront parti d'une telle faiblesse et se soulèveront. Dès lors, même le sage le plus avisé sera incapable de maîtriser les conséquences d'une telle situation.

Aussi, même le général le plus inapte cherche à vaincre rapidement ; et je n'ai jamais vu de général talentueux prolonger un conflit. Aucune nation n'a jamais profité d'une guerre de longue durée.

Aussi, qui échoue à comprendre précisément ce qui peut nuire au déroulement de la guerre ne peut comprendre précisément ce qui peut le favoriser.

Qui excelle à déployer son armée ne demande pas un second tour de conscription ou un troisième tour de ravitaillement[2]. Il amène tous les instruments de la guerre de son propre pays mais se nourrit sur celui de ses ennemis. De cette manière, ses troupes ont toujours assez à manger.

Une armée appauvrit la nation lorsque celle-ci doit l'approvisionner sur de longues distances. Quand elle l'approvisionne sur de longues distances, les populations se paupérisent. Lorsqu'une armée se trouve dans les environs, les prix montent. Lorsque les prix montent, les

réserves des populations s'épuisent. Quand les réserves des populations s'épuisent, les taxes militaires les tourmentent d'autant plus. À bout de forces, leurs réserves épuisées, les foyers de la nation sont vidés de leurs richesses. Les populations perdent ainsi sept dixièmes de leurs possessions, tandis que la Cour perd six dixièmes des siennes : celle-là doit payer pour les chariots endommagés, les chevaux à remplacer, les armures, les casques, les flèches, les arbalètes, les lances, les boucliers lourds et légers, les attelages de bœufs et les chariots de ravitaillement.

Aussi, le général éclairé s'emploie à se nourrir sur l'ennemi. Un seul boisseau de nourriture de l'ennemi en vaut vingt amenés depuis chez soi. Une seule botte du fourrage de l'ennemi en vaut vingt amenées depuis chez soi.

En réalité, les soldats tuent leurs ennemis par colère mais pillent leurs biens par soif de rétribution. Aussi, dès lors que tu captures plus de dix chariots ennemis, récompense le soldat qui a pris le premier. Remplace les étendards et les bannières des chariots capturés par les tiens, mêle ces véhicules à tes rangs et donne-leur un équipage. Traite avec bienveillance les prisonniers de guerre et prends soin d'eux. On appelle cela « vaincre l'ennemi tout en accroissant sa propre force ».

Aussi, à la guerre, ce qui importe est la victoire, et non la prolongation du conflit. Un général qui comprend la guerre est l'arbitre de la vie ou de la mort de son peuple, et le responsable de la sécurité ou du péril de la nation. »

3. LA STRATÉGIE OFFENSIVE

Maître Sun dit :

« Dès lors que tu déploies une armée, il est préférable de capturer une nation intacte ; capturer une nation en ruines l'est moins. Il est préférable de capturer une armée intacte ; capturer une armée anéantie l'est moins. Il est préférable de capturer un bataillon intact ; capturer un bataillon diminué l'est moins. Il est préférable de capturer une compagnie intacte ; capturer une compagnie anéantie l'est moins. Il est préférable de capturer un peloton intact ; capturer un peloton diminué l'est moins.

Aussi, se montrer victorieux lors de chaque bataille n'est pas la plus grande prouesse. La plus grande prouesse est de soumettre les troupes ennemies sans combattre.

À la guerre, le mieux est d'attaquer
la stratégie de l'ennemi.
Ensuite, le mieux est d'attaquer
ses alliances.
Ensuite, le mieux est d'attaquer
ses troupes.
La pire de toutes les stratégies
est d'assiéger ses cités.

Le siège des cités ennemies ne doit être entrepris qu'en ultime recours. Préparer des boucliers protecteurs et des véhicules d'assaut cuirassés nécessite trois mois. Mettre en place les armes de siège nécessaires demande trois mois supplémentaires. Construire les rampes de siège, trois autres mois.

Un général impatient et incapable de maîtriser son tempérament précipite ses troupes comme des fourmis contre les murs de la cité, menant ainsi le tiers d'entre elles vers une mort certaine sans pour autant parvenir à investir cette cité. Voici le genre de désastre qui résulte de telles attaques.

Aussi, le général qui sait mener des opérations militaires soumet les troupes ennemies sans combattre, capture les cités ennemies sans les assiéger, et vainc la nation ennemie sans s'engager dans une longue campagne.

Dès lors que tu t'engages dans un conflit, appuie-toi toujours sur un plan global. Ainsi, tu n'épuiseras pas tes troupes et ton avantage restera entier. Telle est la méthode de la stratégie offensive.

Aussi, dès lors que tu mènes des opérations militaires, si tu jouis d'une supériorité sur tes ennemis de dix pour un, encercle-les. Si tu jouis d'une supériorité de cinq pour un, attaque-les. Si tu jouis d'une supériorité de deux pour un, divise leurs forces. Si vos forces

典昭詳悉
今更顧名
斯事休養
吾民共樂
康
庚辰孟春
月上澣作
御筆
太上皇帝之寶

平定回部
獻俘

sont égales, sois prêt à livrer bataille. Si tu es inférieur en nombre, évite-les. Si tu es bien plus faible que tes ennemis, reste loin d'eux. Des forces modestes qui résistent avec ténacité finissent toujours par être capturées par des forces plus nombreuses.

Le général est un pilier de la nation. Si le pilier est solide, la nation sera forte. Si le pilier est fragile, la nation sera faible.

Le souverain peut causer des problèmes à son armée de trois façons. Premièrement, s'il ordonne de marcher sans savoir qu'elle ne peut avancer ou s'il ordonne de battre en retraite sans savoir qu'elle ne peut reculer : ceci s'appelle "entraver l'armée". Deuxièmement, s'il participe à l'administration de l'armée alors que les affaires militaires ne lui sont pas familières, cela causera de la confusion parmi les officiers et les troupes. Troisièmement, s'il participe à la supervision de l'armée alors que le commandement militaire ne lui est pas familier, cela sèmera le trouble et le doute parmi les officiers et les troupes. Quand il y a doute et confusion parmi les officiers et les troupes, cela encourage les seigneurs féodaux à créer des problèmes. On nomme ceci “semer le chaos dans les rangs et tourner le dos à la victoire”.

Il y a cinq manières de savoir si tu seras victorieux :

> Si tu sais quand te battre et quand ne pas te battre, tu seras victorieux.
> Si tu comprends comment faire usage aussi bien de forces nombreuses que d’effectifs réduits, tu seras victorieux.
> Si ceux situés au-dessus et au-dessous de toi ont les mêmes objectifs, tu seras victorieux.
> Si tu es bien préparé et que tu attends des ennemis mal préparés, tu seras victorieux.
> Si le général est compétent et que le souverain ne l’entrave pas, tu seras victorieux.

Voici les cinq manières de savoir si tu seras victorieux.

Aussi dit-on : “Connais ton ennemi et connais-toi toi-même, et cent batailles ne te mettront jamais en péril. Si tu ne connais pas ton ennemi, mais seulement toi-même, tu perdras autant de batailles que tu en remporteras. Si tu ne connais ni ton ennemi ni toi-même, chaque bataille te mettra en péril.” »

4. LE POSITIONNEMENT DES FORCES

Maître Sun dit :

« Jadis, ceux qui excellaient en l'art de la guerre s'assuraient d'abord d'être invincibles, puis attendaient que l'ennemi se montre vulnérable. Atteindre l'invincibilité dépend de tes propres facultés, la vulnérabilité de l'ennemi ne dépend que de lui. Aussi, les bons guerriers sont capables de se rendre invincibles, mais sont incapables de rendre l'ennemi vulnérable. Voici pourquoi l'on dit : "La victoire est quelque chose que tu peux savoir remporter, non quelque chose que tu peux garantir."

Face à un adversaire invincible, adopte une posture défensive. Face à un adversaire vulnérable, passe à l'attaque. Défends quand tes forces sont insuffisantes. Attaque lorsqu'elles sont importantes.

Ceux qui excellent en défense se dissimulent dans les profondeurs de la terre. Ceux qui excellent en attaque se déplacent à travers les plus hautes sphères célestes. Ainsi, ils sont capables de se protéger et de s'assurer d'une victoire absolue.

Voir la victoire quand chacun sait qu'elle est à portée n'est pas la plus grande prouesse. Vaincre au combat et entendre le monde entier louer tes exploits n'est pas la plus grande prouesse. Soulever une feuille morte ne requiert pas une grande force. Voir le soleil ou la lune ne requiert pas un regard perçant. Entendre le grondement du tonnerre ne requiert pas une ouïe fine.

Jadis, ceux connus pour exceller en l'art de la guerre triomphaient de ceux faciles à vaincre[1]. Aussi, lorsque ceux qui excellent en l'art de la guerre remportent la victoire, ils ne sont ni célébrés pour leur sagacité, ni reconnus pour leur courage. Les victoires de tels guerriers sont parfaites. Ceux qui sont parfaits sont certains de remporter la victoire quelle que soit l'entreprise dans laquelle ils se lancent. Ils remportent la victoire sur ceux qui sont déjà vaincus.

Aussi, ceux qui excellent en l'art de la guerre adoptent une position invincible et ne laissent aucune chance à l'ennemi d'échapper à la défaite. De cette manière, une armée victorieuse s'assure d'abord de la victoire, puis cherche à livrer bataille. Une armée battue livre d'abord bataille, puis cherche la victoire.

Ceux qui excellent en l'art des opérations militaires cultivent la voie décrite auparavant et

s'en tiennent aux méthodes appropriées. Voici les méthodes à suivre à la guerre :

Premièrement, mesurer.
Deuxièmement, estimer.
Troisièmement, calculer.
Quatrièmement, comparer.
Cinquièmement, évaluer
les probabilités de victoire.

Le terrain permet de mesurer.
Mesurer permet d'estimer.
Estimer permet de calculer.
Calculer permet de comparer.
Comparer permet d'évaluer
les probabilités de victoire.

Aussi, une armée victorieuse est semblable à une tonne face à un gramme. Une armée vaincue est semblable à un gramme face à une tonne. La raison pour laquelle les troupes victorieuses combattent comme des eaux torrentielles à l'ouverture d'un immense barrage provient du positionnement de leurs forces. »

En bon ordre, attends ceux qui sont désordonnés. Serein, attends ceux qui sont agités. C'est ainsi qu'on est maître du cœur et de l'esprit.

Présent, attends ceux qui viennent de loin. Frais et dispos, attends ceux qui sont épuisés. Bien nourri, attends ceux qui sont affamés. C'est ainsi qu'on est maître de la force physique.

N'engage pas le combat avec un ennemi qui avance en bon ordre sous ses étendards. Ne frappe pas une armée aux rangs serrés. C'est ainsi qu'on est maître des incertitudes au cœur de la mêlée.

Voici les règles adaptées à l'engagement du combat :

> N'assaille pas un ennemi qui se trouve sur une position élevée.
> N'affronte pas un ennemi qui est adossé à une colline.
> Ne poursuis pas un ennemi qui feint de s'enfuir.

N'attaque pas des troupes qui
débordent d'esprit combatif.
Ne mords pas à l'appât que te présente
l'ennemi.
N'entrave pas une armée qui s'en
revient chez elle.
Ne manque pas de laisser une issue à
une armée encerclée[4].
N'attaque pas une armée acculée.

Telles sont les règles adaptées à l'engagement du combat. »

8. NEUF ADAPTATIONS AU TERRAIN

Maître Sun dit :

« Dès lors qu'on lève une armée, le général reçoit ses ordres du souverain, mobilise la population et rassemble l'armée.

Il n'établit pas son camp sur un terrain difficile ou défavorable.

Il rejoint ses alliés sur un terrain ouvert à toutes les directions.

Il ne s'attarde pas sur un territoire désolé ou isolé.

Il adopte une stratégie prudente lorsqu'il occupe un territoire que l'on peut encercler aisément.

Sur un terrain mortel et sans issue, il combat[1].

Il est des routes qu'il n'emprunte pas, des armées qu'il n'attaque pas, des cités qu'il n'assiège pas, des terrains sur lesquels il ne combat pas, et des ordres qu'il refusera.

Aussi, un général qui comprend pleinement les avantages offerts par les neuf sortes de terrain[2] sait comment déployer une armée. Un général qui ne comprend pas pleinement les avantages offerts par les neuf sortes de terrain sera incapable d'en tirer parti, même si la topographie lui est familière. Un général qui ne comprend pas l'art des neuf sortes de terrain sera incapable de déployer efficacement ses forces, même si les cinq sortes d'avantage lui sont familières[3].

Les sages prennent en compte à la fois les avantages et les désavantages. En considérant les

avantages et en les exploitant, ils s'assurent le succès. En considérant les désavantages et en s'en préoccupant, ils résolvent leurs difficultés.

Dissuade les seigneurs féodaux de t'attaquer en les forçant à subir des désavantages. Maintiens les seigneurs féodaux constamment occupés en leur assignant différentes tâches. Encourage les seigneurs féodaux en leur offrant l'opportunité de bénéficier d'avantages.

La méthode appropriée au déploiement d'une armée est de s'en remettre non pas à la possibilité que l'ennemi ne vienne pas, mais plutôt à ta propre préparation ; non pas à la possibilité qu'il n'attaque pas, mais plutôt à ta propre invincibilité.

Un général peut avoir cinq traits de caractère dangereux :

S'il est téméraire, on peut le tuer.
S'il est timoré, on peut le capturer.
S'il est colérique, on peut le provoquer.

S'il se prétend honnête et pur, on peut l'insulter.
S'il est émotif, on peut le tourmenter.

Ces cinq défauts chez un général sont des désastres pour une armée. Lorsqu'une armée est défaite et son général tué, la cause s'en trouve le plus souvent dans ces cinq traits de caractère dangereux. Nul ne peut s'abstenir de les examiner et de les étudier avec attention. »

9. FAIRE MANŒUVRER L'ARMÉE

Maître Sun dit :

« Dès lors que tu déploies tes troupes et te prépares à combattre l'ennemi, si tu dois traverser des chaînes montagneuses, fais-le par les vallées. Campe sur des positions en hauteur et sur un versant ensoleillé[1]. Lorsque tu livres bataille en altitude, n'attaque jamais vers le haut. Telles sont les règles pour déployer tes troupes en montagne.

Après avoir traversé à gué un cours d'eau, mets quelque distance entre l'eau et tes troupes[2]. Quand l'ennemi traverse à gué un cours d'eau et marche vers toi, n'engage pas le combat dans l'eau ; il est plus avantageux d'attendre que la moitié de ses forces ait traversé avant d'attaquer[3]. Si tu veux livrer bataille à l'ennemi, n'engage pas le combat sur une rive. Prends position en hauteur, sur le versant ensoleillé. N'attaque jamais à contre-courant. Telles sont les règles pour déployer tes troupes près d'un cours d'eau.

Lorsque tu traverses un marais ou un marécage, que ce soit le plus promptement possible : ne t'attarde jamais. Si tu engages le combat dans un marais ou un marécage, assure-toi de prendre position près d'un cours d'eau fraîche, à proximité de prairies et avec suffisamment d'arbres sur tes arrières[4]. Telles sont les règles pour déployer tes troupes dans un marais ou un marécage.

Sur un terrain plat, prends des positions qui facilitent les manœuvres ; garde les hauteurs à ta droite et dans ton dos afin de garder la mort en face et la vie derrière toi[5]. Telles sont les règles pour déployer tes troupes sur un terrain plat.

Les avantages que confèrent ces quatre règles pour déployer les troupes permirent à l'Empereur Jaune de vaincre ses ennemis des quatre points cardinaux[6].

Une armée préfère occuper les hauteurs et déteste être sur un terrain bas. Elle recherche la lumière et la chaleur et fuit l'obscurité et le froid. Elle subvient à ses besoins et s'assure d'être convenablement approvisionnée. Quand une armée évite la maladie et demeure en bonne santé, elle est invincible. Sur les buttes et les collines, sur les digues et les talus, prends position face au Sud ensoleillé, avec des hauteurs à ta droite et dans ton dos. Telles sont les règles pour tirer avantage du terrain.

Lorsque la pluie tombe en amont du fleuve et déferle vers toi en aval, attends que le niveau des eaux baisse avant de tenter la traversée.

Si un territoire présente des gorges abruptes, des "puits naturels", des "prisons naturelles", une "filets naturels", des "pièges naturels" ou des "crevasses naturelles"[7], traverse-le promptement sans t'approcher de ceux-ci. Éloigne t'en et pousse l'ennemi à s'en rapprocher. Garde ces dangers face à toi et force l'ennemi à les avoir dans son dos.

Lorsque tu traverses un territoire qui présente de traîtres ravins, des étangs et des gouffres, des joncs et des roseaux, des montagnes boisées ou des sous-bois touffus, il te faut envoyer tes éclaireurs et reconnaître avec prudence ces lieux, car ceux-là sont parfaits pour tendre une embuscade.

Si l'ennemi est proche mais ne bouge pas, c'est qu'il te tend quelque piège. Si l'ennemi est loin mais t'incite au combat, c'est qu'il tente de te faire avancer. S'il occupe une position qui lui permet d'aisément manœuvrer, il jouit d'un avantage.

Lorsque tu vois nombre d'arbres se balancer au loin, l'ennemi avance[8]. Lorsque tu découvres des obstacles dans les herbes hautes, il cherche à semer le trouble dans tes rangs. Si les oiseaux s'envolent soudain, il te tend une embuscade. Si les animaux s'effraient et s'enfuient, il va t'attaquer par surprise. Si la poussière s'élève haut et droit à l'horizon, des chariots approchent. Si le nuage de poussière est ample et bas, l'infanterie est en marche. Si le nuage t'arrive en lambeaux clairsemés, il ramasse du bois pour le feu. Si des nuages ténus vont et viennent, il établit son camp.

Si l'ennemi t'envoie des ambassadeurs qui te tiennent un humble discours tandis que ses forces poursuivent leurs préparatifs, il est sur le point d'avancer. Si ses ambassadeurs te tiennent un discours belliqueux tandis que ses forces avancent soudainement, il est sur le point de battre en retraite. Si ses chariots légers s'avancent les premiers et prennent position sur les flancs de son armée, il se met

en ordre de bataille. S'il demande une trêve, sans tractations préalables, il trame quelque chose. Si ses soldats marchent avec empressement et ses chariots de combat défilent, il s'attend à quelque chose. Si la moitié de ses troupes avance tandis que l'autre moitié recule, il cherche à t'attirer. Si ses soldats prennent appui sur leur arme, la nourriture leur manque. Si ses soldats chargés de tirer de l'eau boivent les premiers, l'eau leur manque. Si l'ennemi voit un avantage mais n'avance pas pour le saisir, il est épuisé. Si les oiseaux volent au-dessus de son camp, l'ennemi est parti. Si ses hommes hurlent la nuit, ils sont terrifiés. Si les troupes ennemies rompent les rangs, elles ne respectent pas leur général. Si leurs étendards et leurs bannières s'agitent de façon erratique, ils sont au bord du chaos. Si les officiers ennemis s'emportent facilement, la fatigue les mine. S'ils donnent le grain des troupes aux chevaux et tuent ceux-ci pour nourrir les troupes, si les soldats ne rangent plus leurs ustensiles de cuisine et ne retournent plus au camp, ils sont dans une situation désespérée. Si les soldats ennemis se réunissent en petits groupes et murmurent discrètement entre eux, leur général a perdu leur confiance. Si les officiers ennemis distribuent des récompenses à l'envi, ils sont en difficulté. S'ils infligent des châtiments sans retenue, ils ont du mal à tenir leurs troupes. Lorsqu'ils se montrent d'abord cruels envers leurs troupes mais les redoutent par la suite, c'est le comble de l'incompétence. Si l'ennemi t'envoie des ambassadeurs qui te tiennent un discours conciliant, ils veulent faire cesser les hostilités. S'il avance agressivement sans engager le combat ni battre en retraite, il faut enquêter sur ce problème et l'étudier avec prudence.

À la guerre, la supériorité numérique seule ne te confère pas un avantage décisif. Si tu te gardes d'attaquer en ne comptant que sur la force militaire, si tu concentres tes forces et évalues correctement l'ennemi, tu seras capable de le défaire. Si tu planifies ta stratégie

天閑十二龍為伯騄
不多得聞自古不稱
其力稱其德德力雙
兼更難睹汝為騄子
臺其然久冠騋黃在
吾圉北窮疆寒乾馳
驅東巡遠海闊無臏
資汝之力惜汝軀肯
教下與駑駘伍騤騤
猶具昔年心鬱林猶
減瘠其蹏耳竹雖拔
目星落向我長鳴不
能語嗚呼自今秋郊
之獸免從從惟有斯
惟留待汝
乾隆御題

avec insouciance et sous-estimes l'ennemi, tu finiras sûrement par te faire capturer.

Si tu châties tes troupes avant de t'en faire aimer, elles ne se soumettront pas à ton autorité[9]. Si elles ne se soumettent pas à ton autorité, tu ne pourras pas les commander. Si tu gagnes leur affection, mais manques de leur administrer les châtiments appropriés, tu ne pourras pas les commander. Aussi, dirige-les avec respect et fais appliquer équitablement la discipline martiale. On nomme ceci : “le droit chemin vers le succès”.

Si tu transmets à tes subordonnés des ordres qui sont systématiquement suivis, ils se soumettront à ton autorité. Si tu transmets à tes subordonnés des ordres qui ne sont pas systématiquement suivis, ils ne se soumettront pas à ton autorité. Un général dont les ordres sont systématiquement suivis aura d'excellentes relations avec ses troupes. »

太上皇帝之寶
馳國朝威遠被
己卯仲春月作
御筆

5. LE POTENTIEL STRATÉGIQUE

Maître Sun dit :

« La clé pour gérer des troupes en grand nombre est la même que pour gérer un petit nombre de soldats : la division des hommes en groupes et la définition des tâches. La clé pour commander des troupes en grand nombre est la même que pour commander un petit nombre de soldats : les signaux et les ordres. La clé pour s'assurer que l'armée peut engager le combat avec l'ennemi sans jamais souffrir la défaite réside dans l'usage des forces régulières et spéciales[1]. La clé pour s'assurer que l'usage de la force militaire sera aussi décisif que jeter une pierre sur un œuf réside dans la compréhension de la fragilité et de la solidité.

Use toujours des forces régulières pour engager le combat avec l'ennemi et des forces spéciales pour le vaincre. Les tactiques de ceux qui excellent à déployer leurs forces spéciales sont aussi infinies que la Terre et les Cieux, et aussi inépuisables que les plus puissants fleuves. Elles ne déclinent que pour croître à nouveau, comme la lune ou le soleil. Elles ne disparaissent que pour renaître, comme le cours des quatre saisons. Il n'y a que cinq notes, mais elles peuvent produire une infinie variété de sons[2]. Il n'y a que cinq couleurs, mais elles peuvent produire une infinie variété de nuances[3]. Il n'y a que cinq goûts, mais ils peuvent produire une infinie variété de saveurs[4]. Il n'y a que les forces régulières et spéciales pour offrir un potentiel stratégique lors des combats[5], mais leurs transformations et leurs combinaisons sont infinies et inépuisables. Les forces régulières et spéciales s'engendrent l'une l'autre : comme un cercle qui tournoie, elles n'ont ni début, ni fin. Qui donc pourrait les épuiser ?

La vivacité d'un torrent impétueux peut emporter des blocs de roches ; cela provient du potentiel stratégique de l'eau[6]. La vivacité d'un faucon fondant sur sa proie peut lui briser le dos ; cela provient de la précision du moment choisi par le faucon. Aussi, ceux qui excellent en l'art de la guerre déchaînent un potentiel stratégique écrasant et choisissent précisément leur moment. Le potentiel stratégique équivaut à une arbalète bandée. Le choix du moment équivaut à appuyer sur la détente.

Au cœur du fracas et du vacarme de la plus chaotique des mêlées, rien ne peut perturber leurs troupes. Elles tournoient et tourbillonnent sans fin en de complexes formations, et rien ne peut les vaincre.

L'ordre peut engendrer le chaos.
Le courage peut engendrer la lâcheté.

La force peut engendrer la faiblesse.

Que règne l'ordre ou le chaos dépend d'une bonne organisation et d'une définition appropriée des tâches. Que règne le courage ou la lâcheté dépend du potentiel stratégique. Que règne la force ou la faiblesse dépend du positionnement des forces.

Aussi, lorsque ceux qui excellent à manipuler l'ennemi lui révèlent un certain positionnement de leurs forces, l'ennemi les suit nécessairement. Lorsqu'ils lui présentent un appât, l'ennemi y mord nécessairement. Attire l'ennemi grâce à l'appât du gain. Attends-le avec tes forces en embuscade.

Ceux qui excellent en l'art de la guerre comptent avant tout sur le potentiel stratégique et ne se reposent pas uniquement sur les qualités individuelles. Ils choisissent les personnes appropriées puis se fient au potentiel stratégique. Ceux qui se fient au potentiel stratégique font usage de leurs troupes tout comme l'on fait rouler des rondins ou des pierres. Il est dans la nature des rondins et des pierres d'être au repos sur un sol plat, mais en mouvement sur une pente escarpée ; de demeurer immobiles lorsqu'ils sont équarris, mais de rouler lorsqu'ils sont arrondis. Aussi, le potentiel stratégique de ceux qui excellent en l'art de la guerre est semblable à des rondins et à des pierres dévalant le versant d'une montagne abrupte. Telle est la nature du potentiel stratégique ! »

6. FRAGILITÉ ET SOLIDITÉ[1]

Maître Sun dit :

« Ceux qui occupent les premiers le champ de bataille et attendent l'ennemi peuvent demeurer frais et dispos. Ceux qui sont les derniers à arriver sur le champ de bataille et qui doivent se précipiter au combat s'y engagent épuisés et éreintés. Aussi, ceux qui excellent en l'art de la guerre manipulent l'ennemi et ne se font pas manipuler par lui. Encourage l'ennemi à venir par la promesse d'un avantage. Empêche l'ennemi de venir en lui assurant des dommages.

Lorsque l'ennemi est frais et dispos, trouve une manière de l'épuiser.

Lorsqu'il est bien nourri, trouve une manière de l'affamer.

Lorsqu'il est au repos, trouve une manière de le mettre en mouvement.

Apparais aux endroits qu'il ne peut rejoindre promptement.

Déplace-toi promptement aux endroits où il ne t'attend pas.

Ceux qui savent marcher sur un millier de kilomètres sans s'épuiser marchent là où il n'y a pas d'ennemis à rencontrer.

Ceux qui atteignent toujours leurs objectifs attaquent ce qui n'est pas défendu. Ceux qui réussissent toujours à défendre leurs positions défendent ce qui n'est pas attaqué. Aussi, ceux qui excellent à mener une attaque s'assurent que l'ennemi ne sait pas ce qu'il doit défendre. Ceux qui excellent à défendre leurs positions s'assurent que l'ennemi ne sait pas ce qu'il doit attaquer.

Subtils, si subtils !
Ils n'ont aucune forme[2].
Mystérieux, si mystérieux !
Ils ne font aucun bruit.

Ainsi, le destin de l'ennemi est entre leurs mains.

Ceux qui avancent sans qu'on puisse leur résister prennent d'assaut les points fragiles dans la défense de l'ennemi. Ceux qui se retirent sans qu'on puisse les poursuivre se déplacent trop vite pour être rattrapés.

Aussi, lorsque je veux engager le combat, l'ennemi doit riposter, même s'il est en sécurité derrière de hauts remparts et s'il s'est entouré d'un profond fossé, car j'attaque un endroit qu'il doit secourir et renforcer[3]. Lorsque je ne veux pas engager le combat, même si ma seule ligne de défense est un cercle tracé au sol, l'ennemi ne peut m'attaquer car je l'ai déjà induit en erreur et j'ai dévié ses troupes.

Aussi, je force l'ennemi à révéler le positionnement de ses forces, mais le mien demeure invisible ; mes forces restent unifiées tandis que celles de l'ennemi doivent se fractionner pour partir à ma recherche. Mes forces sont unifiées ; celles de l'ennemi sont divisées en de nombreuses unités moindres. Ceci me permet de concentrer toutes mes forces sur l'attaque d'une modeste fraction des siennes et de jouir d'une supériorité numérique décisive. Si tu es capable d'attaquer une force réduite avec une force bien supérieure, l'unité que tu as choisi d'attaquer se trouvera dans une situation désespérée.

L'ennemi ne doit pas savoir où je choisirai d'attaquer. S'il ne sait pas où je vais attaquer, il doit se préparer à défendre de nombreux points. L'ennemi devant se préparer à défendre de nombreux points, je ne choisirai d'en attaquer que quelques-uns. Aussi, si l'ennemi consolide ses premières lignes, il placera moins de troupes à l'arrière. S'il consolide ses arrières, il placera moins de troupes à l'avant. S'il consolide le flanc gauche, il placera moins de troupes sur le flanc droit. S'il consolide le flanc droit, il placera moins de troupes sur le flanc gauche. S'il consolide tous les fronts, il aura moins de troupes sur tous les fronts.

L'infériorité numérique force
à se préparer à l'assaut ennemi.
La supériorité numérique permet
de forcer l'ennemi à se préparer à
ton assaut.

Aussi, si tu sais quand et où se déroulera la bataille, tu peux engager le combat même après avoir marché sur un millier de kilomètres. Si tu ne sais quand et où se déroulera la bataille, alors ton flanc gauche ne peut renforcer le droit; ton flanc droit ne peut renforcer le gauche; l'avant ne peut renforcer l'arrière;

l'arrière ne peut renforcer l'avant. Comme est alors plus difficile la situation d'unités séparées par des dizaines de kilomètres ou même par quelques-uns !

De ce point de vue, bien que Yue ait de nombreuses troupes, en quoi sont-elles déterminantes pour la victoire ou la défaite[4] ? Ainsi dit-on : « La victoire est quelque chose que tu peux façonner et créer. » Bien que l'ennemi

jouisse d'une supériorité numérique, tu peux t'assurer de ne jamais avoir à faire face à ses forces au complet.

Aussi, étudie l'ennemi afin de discerner les forces et les faiblesses de sa stratégie. Provoque l'ennemi afin de découvrir ses principes de fonctionnement. Établis avec certitude le positionnement des forces ennemies afin de connaître la configuration du champ

de bataille. Teste l'ennemi afin de savoir où ses forces sont puissantes et où elles sont vulnérables.

Le meilleur positionnement de tes forces est celui qui n'a, aux yeux de l'ennemi, aucune forme[5] discernable. Si tes forces n'ont aucune forme, même l'espion le mieux infiltré ne peut les voir, même le stratège le plus sage ne peut élaborer de plans contre toi.

Même si je révèle à tous le positionnement des forces que j'utilise afin de parvenir à la victoire, nul ne comprendra comment j'ai procédé. On peut saisir la formation dont je me sers pour parvenir à la victoire, mais nul ne peut comprendre comment je maîtrise cette formation afin d'y parvenir. Aussi, je ne répète jamais deux fois une méthode dont j'ai fait usage pour parvenir à la victoire ; je dispose mes forces de manière à pouvoir répondre à l'infinie variété des circonstances.

La disposition de tes forces doit être semblable à l'eau. L'eau évite l'altitude et se précipite vers le bas. Une armée doit éviter les lignes ennemies où elles sont solides, et les frapper où elles sont fragiles. L'eau s'adapte au terrain et laisse le sol guider sa course. Une armée doit s'adapter aux formations des forces ennemies, et laisser ceci la guider vers la victoire.

Aussi, le potentiel stratégique d'une armée n'a aucune configuration constante, tout comme l'eau n'a pas de cours ou de forme figés[6]. Ceux capables de parvenir à la victoire en s'adaptant et en se transformant en fonction de la situation de l'ennemi sont qualifiés de « mystérieux. »

Aucun des cinq éléments ne domine éternellement[7]. Aucune des quatre saisons ne dure toujours. Les jours s'allongent ou se raccourcissent. La lune croît et décroît. »

7. L'ENGAGEMENT

Maître Sun dit :

« Dès lors qu'on lève une armée, le général reçoit ses ordres du souverain, mobilise la population, rassemble l'armée et établit son camp face à l'ennemi. La véritable difficulté, toutefois, réside dans l'engagement. Tout le problème est de faire d'une route indirecte le chemin le plus droit, et de faire pencher la balance de la fortune en ta faveur.

Aussi, même si tu suis une route indirecte, tu peux détourner ton ennemi de la sienne grâce à l'appât du gain. De cette manière, tu peux partir après lui mais arriver avant lui. Telle est la stratégie qui consiste à faire d'une route indirecte le chemin le plus droit.

L'engagement peut t'offrir un avantage ; il peut aussi te mettre en péril. Si tu précipites toutes tes forces dans la mêlée en quête d'un avantage, tu ne l'atteindras pas[1]. Si tu te jettes dans la mêlée avec tes unités les plus légères et les plus mobiles en quête d'un avantage, tu dois abandonner ton équipement et tes chariots de ravitaillement. Si, en quête d'un avantage, tu ordonnes à tes troupes de se défaire de leurs armures, de les ranger et de souffrir une marche forcée sur une centaine de kilomètres[2], deux fois plus rapidement qu'à l'habitude et avec deux fois moins d'arrêts, progressant jour et nuit sans établir le camp, tous tes généraux seront capturés. En effet, tes troupes en meilleure forme arriveront les premières tandis que les autres, plus faibles, arriveront plus tard ; ainsi, tu ne pourras faire usage que d'un dixième de l'ensemble de tes forces lors de l'engagement initial. Si ta marche forcée couvre une distance de cinquante kilomètres, le général de ton avant-garde sera défait, car seule la moitié de l'ensemble de tes forces sera prête à engager le combat. Si ta marche forcée couvre une distance de trente kilomètres, seuls deux tiers de l'ensemble de tes forces seront prêts à engager le combat[3].

Aussi, une armée sans équipements ni chariots de ravitaillement sera défaite. Une armée sans rations ni fourrages sera défaite. Une armée sans magasins ni provisions sera défaite.

Si tu ignores les intentions des seigneurs féodaux, tu ne peux envisager d'alliance avec eux. Si tu ignores la configuration du terrain – où se trouvent montagnes et forêts, falaises et défilés, marais et marécages –, tu ne peux faire avancer tes troupes. Si tu ne tires pas parti d'éclaireurs indigènes, tu ne peux obtenir l'avantage du terrain.

La guerre repose sur la tromperie, est animée par l'appât du gain, et évolue en fonction de la division ou du rassemblement des troupes.

Sois vif comme la bourrasque,

Calme comme la forêt,
Ardent comme le brasier,
Inébranlable comme la montagne,
Insondable comme les ténèbres
Surprenant comme un coup
de tonnerre.

Lorsque tu pilles un territoire, partage le butin entre tes troupes. Lorsque tu agrandis ton territoire, partage le profit. Pèse avec soin le pour et le contre avant d'agir. Ceux qui, au préalable, s'emploient à comprendre comment faire de la route indirecte le chemin le plus droit seront victorieux. Telle est la méthode appropriée à l'engagement.

Le *Livre de l'administration militaire* dit : "*Au cœur du chaos et du tumulte du combat, on ne peut entendre les voix, aussi fait-on usage de gongs et de tambours. On ne peut voir les gestes, aussi fait-on usage d'étendards et de bannières.*" Les gongs, les tambours, les étendards et les bannières ont pour fin d'unifier les oreilles et les yeux de tes troupes. Dès lors que tes troupes sont unies, ni les braves n'avanceront seuls, ni les timorés ne battront en retraite de leur propre chef. Telle est la méthode appropriée à la conduite d'une grande armée. Lors des opérations nocturnes, utilise de nombreux flambeaux et tambours. Lors des opérations diurnes, utilise de nombreux étendards et bannières. De cette manière, tu pourras entraîner les oreilles et les yeux de tes troupes.

On peut déposséder une armée de son esprit combatif. On peut déposséder un général de son cœur et de son esprit.

C'est le matin que l'esprit combatif est le plus affûté, puis il fléchit à midi et bat en retraite le soir. Ceux qui excellent en l'art de la guerre évitent d'engager le combat quand l'esprit combatif de l'ennemi est affûté et frappent lorsqu'il fléchit ou bat en retraite. C'est ainsi qu'on est maître de l'esprit combatif.

10. LES CONFIGURATIONS DU TERRAIN

Maître Sun dit :

« Parmi les différentes sortes de terrain, on trouve des terrains ouverts, des terrains empêtrant les troupes, des terrains neutralisants, des terrains exigus, des terrains dangereux et des terrains étendus[1].

On nomme "ouvert" le terrain que peuvent aisément investir ou quitter mes forces aussi bien que celles de l'ennemi. Sa configuration est telle que le premier qui prend position en hauteur, sur le versant ensoleillé, et qui contrôle les routes de ravitaillement les plus sûres, aura l'avantage au combat.

On pénètre aisément sur des terrains “qui empêtrent les troupes”, mais il est difficile de s'en retirer. Sa configuration me permet d'attaquer et de vaincre un ennemi mal préparé. Mais s'il est préparé et que je l'attaque sans réussir à le vaincre, il me sera difficile de me replier après mon attaque, et je souffrirai d'un désavantage.

Si l'on pénètre sur un terrain “neutralisant”, celui-ci n'offre d'avantage ni à l'ennemi ni à moi-même. Je ne pénétrerai pas sur ce terrain, même si l'ennemi me concède quelque avantage. Au lieu de cela, je me replierai afin de l'attirer hors de celui-ci. Dès que la moitié de ses troupes en sera sortie, j'aurai l'avantage si j'attaque.

La configuration d'un terrain “exigu” est telle que, si j'y pénètre le premier, il me faut l'occuper tout entier avec mes troupes. Si l'ennemi y pénètre le premier et l'occupe tout entier, je ne l'y suivrai pas. S'il ne l'occupe pas tout entier, je l'y suivrai.

La configuration d'un terrain "dangereux" est telle que, si je l'occupe le premier, je dois me déployer en hauteur, sur le versant ensoleillé, et attendre l'ennemi. Si l'ennemi occupe le premier ce terrain, je tenterai de l'en faire sortir en repliant mes troupes. Je ne l'y suivrai pas.

La configuration d'un terrain "étendu" est telle que mon potentiel stratégique est égal à celui de mon adversaire ; ceci complique l'engagement du combat. Si tu engages le combat, tu ne profites d'aucun avantage.

Voici les six manières de faire usage de la configuration du terrain ; les examiner et les étudier avec attention relève du plus haut devoir d'un général !

En temps de guerre, tu peux être confronté à la fuite, à l'insubordination, à l'écroulement, à la ruine, au chaos et à la déroute. Rien de cela n'est le fruit d'une catastrophe naturelle : tous proviennent de quelque échec du général.

Lorsque le potentiel stratégique est équitablement réparti entre les deux armées, et que l'une attaque l'autre qui lui est dix fois supérieure en nombre, elle finira "en fuite".

Si les troupes sont fortes mais leurs officiers faibles, il en résultera une armée "insubordonnée".

Si les officiers sont forts mais les troupes faibles, l'armée "s'écroulera".

Si les officiers de haut rang sont en colère contre le général et font acte d'insubordination, leur rancœur les incitera à engager d'eux-mêmes le combat lorsqu'ils rencontreront l'ennemi, sans que le général ne connaisse leur vraie valeur. Il en résultera ce que l'on nomme une armée "en ruine".

Si le général est faible et manque de discipline, si ses instructions et sa conduite sont ambiguës, si les décisions qu'il prend et les ordres qu'il donne aux officiers et aux troupes sont inconséquents, la formation et les rangs seront brouillons et bâclés. Il en résultera ce que l'on nomme une armée dans “le chaos”.

Si un général se montre incapable d'évaluer correctement l'ennemi, dépêche un petit détachement pour combattre une large troupe, un bataillon faible pour combattre un fort, et ne place pas ses soldats d'élite à l'avant-garde, il en résultera une armée “en déroute”.

Voici les six voies qui mènent à la défaite ; les examiner et les étudier avec attention relève du plus haut devoir d'un général !

La configuration du terrain peut offrir à l'armée une aide cruciale. L'aptitude à évaluer l'ennemi afin de s'assurer de la victoire, à prendre en compte les dangers potentiels, la difficulté de passage et l'étendue d'un terrain, constitue l'art d'un grand général. Ceux qui

拔達山汗納
款
深入殲渠遁
望風情知三
窟已途窮素
蕃識早欽誠
順貸彼悔遲
跋扈雄和衆
永寧兩部定
成功速在五
年中
天恩如此昭
優貺保泰彌
殷慎勅躬
己卯長至月作
御筆

comprennent ceci avant d'engager le combat sont certains de remporter la victoire. Ceux qui échouent à comprendre ceci et engagent le combat sont certains d'être vaincus.

Si tu es certain de remporter la victoire, mais que ton souverain t'interdit d'engager le combat, tu dois combattre. Si tu es certain d'être défait, mais que ton souverain te dit d'engager le combat, tu ne dois pas combattre. Aussi, un général qui attaque sans briguer quelque gloire et bat en retraite malgré la disgrâce, un général dont le seul souci est le bien-être de ses troupes et dont le seul but est de défendre les intérêts de son souverain, est un trésor pour la nation.

Considère tes soldats comme tes propres enfants, et ils te suivront dans les plus profondes vallées ; considère tes soldats comme tes fils chéris, et ils se tiendront à tes côtés jusqu'à la mort. Si tu te montres généreux envers eux sans les faire travailler, si tu les aimes sans pouvoir les commander, si tu leur autorises l'indiscipline et te montres incapable de les maîtriser, ils seront tels des enfants gâtés et se révéleront inutiles.

Si tu sais que tes troupes sont prêtes à combattre mais ignores que l'ennemi n'est pas vulnérable, tu n'es qu'à mi-chemin de la victoire. Si tu sais que l'ennemi est vulnérable mais ignores que tes troupes ne sont pas prêtes à combattre, tu n'es qu'à mi-chemin de la victoire. Si tu sais que l'ennemi est vulnérable et que tes troupes sont prêtes à combattre, mais ignores que la configuration du terrain t'est défavorable, tu n'es qu'à mi-chemin de la victoire.

Aussi, ceux qui comprennent l'art des opérations militaires avancent sans jamais se tromper de chemin et agissent sans jamais épuiser leurs ressources. C'est pourquoi l'on dit : "Si tu connais l'ennemi et te connais toi-même, ta victoire ne sera jamais en péril. Si tu connais le temps et le terrain[2], ta victoire sera toujours assurée." »

11. LES NEUF SORTES DE TERRAINS

Maître Sun dit :

« Dès lors que tu déploies une armée, le terrain peut être de plusieurs sortes : propice aux désertions, frontalier, contesté, ouvert, être un carrefour stratégique, être dangereux, difficile, propice à l'encerclement ou mortel[1].

Lorsque les seigneurs féodaux combattent sur leur propre territoire, celui-ci est "propice aux désertions"[2]. Quand une armée pénètre un territoire ennemi sans s'enfoncer dans l'intérieur des terres, il s'agit d'un terrain "frontalier". Lorsqu'il est tout aussi avantageux pour moi que pour l'ennemi d'occuper un territoire, celui-ci est "contesté". Quand il est tout aussi aisé pour moi que pour l'ennemi de pénétrer ou de quitter un territoire, celui-ci est "ouvert". Lorsque le territoire d'un seigneur féodal est limitrophe à trois autres États, de sorte que celui qui l'occupe en premier a la mainmise sur les autres territoires, il s'agit d'un "carrefour stratégique". Quand une armée s'enfonce dans l'intérieur des terres ennemies et laisse loin derrière elle nombre de citadelles et de villes ennemies, il s'agit d'un territoire "dangereux". Lorsqu'une armée franchit des montagnes et des forêts, des défilés et des ravins, des marais et des marécages, ou tout autre lieu difficile à traverser, il s'agit d'un terrain "difficile". Quand le seul accès à un territoire est un passage étroit, et la seule issue une route tortueuse, où même une large troupe peut être attaquée par un petit détachement, il s'agit d'un terrain "propice à l'encerclement". Lorsqu'il faut combattre de toutes ses forces pour survivre, et que toute action moindre signifie la mort, il s'agit d'un terrain "mortel".

Sur un territoire propice à la désertion, ne combats pas. Ne fais pas halte sur des terres frontalières. Sur un territoire contesté, n'attaque pas. Resserre les rangs sur un terrain ouvert. Conclus des alliances aux carrefours stratégiques. Sur un territoire dangereux, livre-toi au pillage. Force la marche sur un terrain difficile. Bâtis des stratagèmes sur un terrain favorable à l'encerclement. Sur un territoire mortel, bats-toi !

Ceux que l'on nomme les "anciens maîtres de l'art de la guerre" savaient empêcher la jonction de l'avant-garde et l'arrière-garde ennemies, la coordination entre leurs unités lourdes et leurs détachements légers, le soutien mutuel entre leurs officiers et leurs soldats, la coopération entre leurs hauts dirigeants et leurs subordonnés. Ils forçaient les troupes ennemies à se disperser sans pouvoir se rassembler, et s'assuraient que les quelques troupes qui y parvenaient le faisaient de manière désordonnée et désorganisée. Ces anciens maîtres passaient à l'action quand c'était à leur avantage. Ils demeuraient immobiles quand cela ne l'était pas.

> Si l'on me demande : "Comment
> dois-je me préparer face à une armée
> nombreuse et en bon ordre ?",
>
> Je répondrai : "Empare-toi d'abord
> de quelque chose qui lui est précieux ;
> ensuite, elle écoutera tes requêtes."

À la guerre, la vitesse est un facteur essentiel. Profite du manque de préparation de l'ennemi, emprunte des itinéraires inattendus, et attaque là où il est sans défense.

Lorsque tu envahis un territoire, plus loin tu t'enfonces à l'intérieur des terres ennemies, plus tes troupes se montreront solidaires : l'ennemi ne pourra te vaincre. Pille les richesses de ses campagnes fertiles afin de t'assurer que ton armée dispose des provisions nécessaires. Nourris tes troupes et ne les épuise pas.

Assure-toi que tes manœuvres et tes plans soient insondables. Puisque tes troupes ne peuvent plus rebrousser chemin, elles mourront plutôt que de tourner le dos à l'ennemi. Lorsqu'il fait face à la mort, quel soldat ne combat pas de toutes ses forces ? Quand les troupes se trouvent dans une situation désespérée, elles n'éprouvent aucune peur. Quand il n'est plus d'issue, elles tiennent bon. Quand elles sont loin en territoire ennemi, elles demeurent unies. Quand il n'est d'autre alternative, elles combattent.

C'est pourquoi de telles troupes demeurent vigilantes sans y être entraînées, responsables sans que tu le leur demandes, dévouées sans serment préalable, et fiables sans que tu le leur ordonnes[3]. Interdis les discours superstitieux, chasse le doute, et tes troupes se tiendront à tes côtés jusqu'à la mort. Si mes officiers sont prêts à brûler leurs richesses, ce n'est pas parce qu'ils méprisent les possessions. S'ils sont prêts à sacrifier une longue vie, ce n'est

嘉慶御覽之寶

pas parce qu'ils méprisent la longévité. Le jour où tombe l'ordre de marche, les larmes des hommes qui sont assis trempent leur col et les larmes des hommes qui sont couchés roulent sur leurs joues; place-les cependant dans une position à laquelle il n'est pas d'issue et tous feront preuve du même courage que Tchouan Tchou et Tsao Kouei[4].

Ceux qui excellent à déployer leurs troupes prennent pour modèle le Chouai-Jan, un serpent qui vit sur le Mont Heng. Si tu frappes sa tête, sa queue te fouettera. Si tu frappes sa queue, sa tête te mordra. Si tu le frappes au milieu du corps, la tête et la queue t'attaqueront à la fois.

> Si l'on me demande: "Peut-on entraîner une armée à réagir comme le Chouai-Jan?",
>
> Je répondrai: "Oui. Les hommes de Wou et de Yue se haïssent mais s'ils sillonnent la mer sur le même navire

> et doivent faire face à de dangereux vents contraires, ils s'assisteront mutuellement, tout comme la main droite assiste la gauche."

Aussi, attacher les chevaux ensemble ou enterrer les roues des chariots[5] ne sont pas des méthodes fiables pour maintenir les rangs. C'est en commandant correctement ses troupes qu'on unifie leur force et leur courage, et qu'on s'assure qu'elles agissent comme un seul homme. Tirer le meilleur parti des troupes les plus fortes et les plus faibles résulte d'un usage adéquat du terrain.

Aussi, qui excelle à déployer ses troupes les fait travailler main dans la main, comme un seul homme, et ne leur laisse aucune autre alternative.

C'est l'office d'un général que d'être calme et impénétrable, juste et garant des principes. Il trompe les yeux et les oreilles de ses officiers comme de ses hommes afin qu'ils demeurent dans l'ignorance. Il modifie ses méthodes et renouvelle ses plans pour empêcher quiconque de découvrir ses intentions. Il change l'emplacement de son camp et suit des chemins tortueux afin que l'ennemi ne puisse rien prévoir. Il mène ses hommes au combat comme s'il les faisait grimper haut puis retirait l'échelle derrière eux. Il s'enfonce avec eux dans le territoire des seigneurs féodaux ennemis puis appuie sur la détente[6]. Il brûle ses navires, brise ses marmites, et conduit ses hommes comme un berger guide son troupeau. Il les mène par ici, puis par là, mais nul ne sait quelle est sa destination finale. Il regroupe l'ensemble de son armée puis la place au cœur du danger : tel est l'office d'un général.

Les neuf sortes de terrain, les avantages qui leur sont liés selon les formations et les manœuvres que l'on y effectue, et les grands principes qui régissent les émotions humaines dans ces situations : nul ne peut s'abstenir de les examiner et de les étudier avec attention.

我行西南馳驅萬
里蜀道既平筰馬
孔駛

Lorsque tu envahis un territoire, plus loin tu t'enfonces à l'intérieur des terres ennemies, plus tes troupes se montreront solidaires : si tu y pénètres peu profondément, elles seront plus enclines à déserter.

Lorsque tu mènes ton armée hors de tes frontières et traverses le territoire d'un autre, il s'agit d'un terrain "isolé". Lorsque les quatre points cardinaux sont accessibles, c'est un "carrefour stratégique". Quand tu pénètres loin à l'intérieur des terres ennemies, il s'agit d'un terrain "dangereux". Quand tu y pénètres sur une courte distance, c'est un territoire "frontalier". Lorsque les positions sont fortement défendues derrière toi et qu'il n'est que d'étroits passages devant, il s'agit d'un terrain "propice à l'encerclement". Lorsqu'il n'est aucune issue, c'est un terrain "mortel".

Aussi, sur un terrain propice aux désertions, travaille à ce que tes troupes partagent le même objectif. Sur un territoire frontalier, assure-toi qu'elles resserrent les rangs. Sur un terrain contesté, fais se hâter l'arrière-garde. Sur un terrain ouvert, garde l'armée sur le qui-vive. Aux carrefours stratégiques, consolide tes alliances. Sur un terrain dangereux, assure-toi que tes troupes soient suffisamment ravitaillées. Sur un terrain difficile, presse la cadence de marche. Sur un territoire propice à l'encerclement, coupe toute retraite que l'ennemi pourrait t'offrir[7]. Sur un terrain mortel, proclame la nécessité de combattre jusqu'à la mort.

Ceux qui ignorent les desseins des seigneurs féodaux ne peuvent conclure d'alliance avec eux. Ceux qui ignorent où se trouvent les montagnes et les forêts, les défilés et les ravins, les marais et les marécages ne peuvent faire manœuvrer l'armée. Ceux qui ne tirent pas parti d'éclaireurs indigènes ne peuvent obtenir l'avantage du terrain. Ignorer l'un de ces trois points rend un homme indigne de commander l'armée d'un seigneur dominateur[8].

Lorsque l'armée d'un seigneur dominateur attaque l'une des grandes nations, elle empêche l'ennemi d'assembler l'essentiel de ses forces et l'intimide tant qu'elle le rend incapable de former des alliances.

Aussi, un seigneur dominateur ne dispute pas les alliances aux autres nations du monde et ne cherche pas à asseoir son autorité sur celles-ci. Il ne se repose que sur ses propres forces et intimide ses ennemis. De cette manière, il est capable de prendre les cités et de détruire le royaume de quiconque s'oppose à lui.

Récompense sans te soucier des règles et ordonne sans te soucier des procédures. Tire le meilleur parti de tes troupes comme s'il s'agissait d'un seul homme. Donne-leur des missions à accomplir sans leur en donner les raisons. Lance les à la conquêtes d'avantages sans leur révéler les risques encourus. Confie-leur un territoire perdu et elles survivront. Engage-les sur un terrain mortel et elles vivront. Lorsqu'une armée s'engage à défendre une cause périlleuse, elle peut arracher la victoire aux mâchoires de la défaite.

Ce qui est primordial en temps de guerre, c'est de cerner avec soin les intentions de l'ennemi. Concentre ton attaque en un seul point, frappe depuis un millier de kilomètres et tue son général. On nomme ceci "atteindre le succès par la ruse et l'intelligence". Le jour de la déclaration de guerre, ferme les frontières, détruis tous les passeports et refuse l'entrée aux ambassadeurs ennemis. Retire-toi en quelque temple ancestral et passe en revue chaque détail de ta stratégie. Si l'ennemi t'offre une ouverture, exploite-la sans délai. Empare-toi d'abord de quelque chose qui lui est précieux, puis refuse les pourparlers. Adapte tes tactiques en fonction de ses mouvements et décide ainsi de l'issue du combat.

Aussi, dans un premier temps, montre-toi aussi timide qu'une vierge puis, lorsque l'ennemi t'ouvre la porte, montre-toi aussi vif que le lièvre. L'ennemi ne pourra te résister. »

12. LES ATTAQUES INCENDIAIRES[1]

Maître Sun dit :

« Il y a cinq sortes d'attaque incendiaire[2] : contre les hommes, contre les provisions, contre les chariots d'approvisionnement, contre les entrepôts, et contre les troupes rassemblées[3]. Il te faut une bonne raison pour lancer une attaque incendiaire et tu dois préparer auparavant tout le matériel et l'équipement nécessaires à celle-ci. Il y a des périodes et des jours propices aux attaques incendiaires. Le temps chaud et sec signale une période propice. La lune dans la constellation du Van, du Mur, des Ailes ou du Chariot lunaire signale un jour propice[4].

Lorsque la lune est dans l'une de ces constellations, le vent se lèvera.

Dès lors que tu lances une attaque incendiaire, il te faut réagir de manière adéquate aux évolutions de la situation propres à ces cinq sortes d'attaque. Si tu peux incendier le camp ou la cité ennemie, donne l'assaut sans délai. Si les troupes ennemies gardent leur calme malgré les flammes, patiente et n'attaque pas. Dès que l'incendie atteint son paroxysme, si les conditions sont favorables, passe à l'attaque. Si les conditions ne le sont pas, diffère ton attaque. Tu peux mettre le feu à des cibles ennemies hors de son camp ou de sa cité sans attendre d'en provoquer un à l'intérieur de ceux-ci. Allume ces incendies à l'instant opportun. N'attaque pas dans le sens du vent. Si le vent a soufflé toute la journée, il s'apaisera la nuit tombée. Toute armée doit comprendre les particularités propres à ces cinq sortes d'attaque incendiaire et en faire usage aux périodes et aux jours propices.

Faire usage du feu pour favoriser une attaque provoque des résultats clairs et prévisibles ; faire usage de l'eau pour favoriser une attaque provoque des résultats redoutables et spectaculaires. L'eau peut diviser et isoler les troupes ennemies, mais elle ne les prive pas de leurs équipements et de leurs provisions.

C'est un mauvais signe que de remporter une bataille ou d'atteindre un objectif et de se montrer incapable d'exploiter de tels succès. On appelle cela " des atermoiements inutiles". Aussi dit-on : "Un souverain éclairé mène avec soin sa réflexion ; un grand général l'exploite."

Ne mobilise pas l'armée si ce n'est pas dans l'intérêt de la nation. Si tu ne peux atteindre ton objectif, ne déploie pas tes troupes. Si la nation n'est pas menacée, ne pars pas en guerre. Un souverain ne doit pas lever une armée par colère ; un général ne doit pas livrer bataille par ressentiment[5]. Mobilise l'armée si c'est dans l'intérêt de la nation ; si ce n'est pas

le cas, n'entreprend aucune action. Qui est en colère peut retrouver la sérénité. Qui a du ressentiment peut éprouver à nouveau de la joie. Toutefois, une nation perdue ne peut renaître et les morts ne peuvent revenir à la vie. Aussi, un souverain éclairé demeure vigilant lorsqu'il est en colère, et un grand général agit avec prudence lorsqu'il nourrit du ressentiment. Tel est l'art d'assurer la sécurité de la nation et de garder l'armée intacte. »

寫真世寧擅繢我少
年時入室皤然者不
知此是誰
壬寅暮春御題

les espions vivants. Si ces cinq sortes d'espion sont à l'œuvre simultanément, et que nul ne suspecte leurs activités, on nomme cette situation "le filet divin" et c'est un réel trésor pour le souverain[3].

Les espions locaux sont ceux que tu peux recruter parmi les populations indigènes. Les espions infiltrés sont des agents que tu recrutes dans les propres rangs de l'ennemi. Les agents doubles sont les espions de l'ennemi que tu parviens à retourner et à faire passer de ton côté. Les espions morts sont ceux auxquels tu fournis de fausses informations, afin qu'elles soient transmises à l'ennemi[4]. Les espions vivants sont ceux qui peuvent rentrer indemnes et te faire leur rapport sur la situation de l'ennemi.

Aussi, au sein de l'armée, nul n'est plus proche du général que ses espions, nul n'est récompensé avec plus de prodigalité et nul ne cultive plus le secret. Sans intelligence ni sagesse, tu ne peux faire usage d'espions. Sans droiture ni bienveillance, tu ne peux les déployer. Sans subtilité ni finesse, tu ne peux tirer d'eux la vérité. Subtil, si subtil ! Un espion t'est utile en tous lieux. Si une information confidentielle relative à sa mission filtre prématurément, l'espion et tous ceux impliqués doivent être mis à mort.

Dès lors que tu veux attaquer une armée, assiéger une cité, ou assassiner quelqu'un, tu dois d'abord connaître la famille et les noms du général ennemi, de ses domestiques, ses messagers, ses gardiens et collaborateurs. Dépêche tes espions afin d'en apprendre le plus possible sur ces personnes. Il te faut également découvrir qui l'ennemi a dépêché pour t'espionner. Soudoie-les et persuade-les de se rallier à ta cause. De cette manière, il t'est possible de tirer parti d'agents doubles : selon ce que ceux-ci t'apprennent sur l'ennemi, tu peux recruter et tirer parti d'espions locaux et infiltrés. Selon ce que ceux-ci t'apprennent sur l'ennemi, tu peux bâtir des stratagèmes pour que tes espions morts lui transmettent de fausses informations ; en utilisant tes espions morts pour mieux comprendre l'ennemi, cela permet à tes espions vivants de te révéler ses stratégies lorsqu'ils te reviennent à l'heure convenue.

Un souverain doit suivre de très près et avoir pleine connaissance des activités des cinq sortes d'espion, et la clé de cette connaissance est l'agent double. Aussi, les agents doubles doivent être ceux que l'on récompense avec le plus de prodigalité.

Jadis, la dynastie des Yin prospéra car elle fit usage de Yi Yin, qui était au service des Hia ; la dynastie des Tcheou prospéra car elle fit usage de Lu Ya, qui était au service des Yin[5]. Aussi, seuls le souverain éclairé et le général de valeur, qui sont capables de persuader les plus sages de leur servir d'espions, parviennent toujours à de grands succès. Le renseignement est essentiel en temps de guerre, et constitue ce sur quoi une armée s'appuie pour passer à l'action. »

NOTES

INTRODUCTION

1. L'ouvrage de Machiavel, écrit sous forme dialoguée, énonce nombre d'idées sur la politique et l'État qui figurent également dans ses travaux plus connus et étudiés. L'ouvrage de Clausewitz fut publié de manière posthume ; il n'existait qu'à l'état de manuscrit à sa mort. Sa femme compila et édita son travail, en écartant des corrections postérieures. Elle apporta des conclusions aux deux chapitres finaux, soit seule, soit avec l'aide d'un fonctionnaire anonyme.
2. Le *Corps des Marines* des États-Unis considère l'ouvrage de Mao intitulé *La guerre révolutionnaire (On guerrilla warfare)* qui s'inspire largement de *L'Art de la Guerre de Maître Sun*, comme une œuvre suffisamment importante pour qu'elle soit incluse dans les publications de référence de la *Fleet Marine Force*.
3. « Sun Wu » sont le surnom (*Sun*) et le nom (*Wu*) de Sun Tzu, nom sous lequel on connaît communément « Maître Sun » en Occident grâce à la première traduction dans une langue occidentale rédigée (en français) par le Père Amiot en 1772 (*Sunzi* en pinyin, le terme honorifique *zi* (« maître ») étant habituellement apposé au surnom des penseurs célèbres).
4. La seule exception à cette caractéristique est le chapitre 12, qui traite de l'usage militaire du feu. Mais même dans ce cas précis, le traitement du sujet est

suffisamment large pour que le chapitre n'ait rien perdu de sa pertinence aujourd'hui.

5. Je continuerai à parler de Sun Tzu comme de l'auteur du texte par commodité, mais en faisant référence par là à tous ceux qui contribuèrent à donner au texte sa forme actuelle.
6. Pour davantage d'informations au sujet de Ts'ao Ts'ao, voir chapitre 12, note 2.
7. Sun Tzu décrit et défend cette même stratégie au chapitre 9 de notre texte. La plus grande partie de ses propos, et jusqu'à son vocabulaire, est similaire à ce récit qui figure dans les *Annales des Printemps et Automnes*.
8. Pour un exemple de cette manière aristocratique de faire la guerre, qui inclut des archers montés sur des chars, voir *Mencius* 4B24.
9. Les premières unités de cavalerie sont supposées avoir été déployées en 307 avant notre ère par le roi Wouling de Tchao. *L'Art de la Guerre de Maître Sun* ne fait mention d'aucune unité de cavalerie, ce qui constitue un indice fort en faveur de sa composition relativement ancienne.
10. Pour exemple, voir *Mencius* IAI.
11. Pour davantage d'informations sur ces dynasties et sur d'autres, voir au chapitre 13, note 5.
12. Bien qu'il s'agisse de deux slogans modernes, le second intègre une citation aux origines glorieuses : « Quelques hommes de valeur » (« *a few good men* ») provient d'un slogan du capitaine William Jones, qui cherchait « quelques hommes de valeur » à enrôler à bord de la frégate *Providence*.
13. Bien que communément attribuée à Clausewitz, il s'agit d'une proposition faisant partie d'un

raisonnement dialectique qu'il construit, non d'une thèse qu'il cherche à prouver ou à défendre.

14. Le philosophe confucéen Mencius procéda également à une excellente analyse du courage en invoquant des exemples militaires.
15. Voir au chapitre 3.
16. Connu au Japon sous le nom de *Go*, et en Corée sous celui de *Baduk*.

CHAPITRE 1

1. Le mot traduit par « temps » (*tian*) peut aussi signifier « cieux ». Dans ce contexte, cependant, il se rapporte clairement aux conditions atmosphériques.
2. Ici, et à bien d'autres endroits dans le texte, Sun Tzu reconnaît la valeur des aspects éthiques de la guerre, et tout particulièrement, mais non exclusivement, de ceux liés au commandement. Il est important de garder ceci à l'esprit, car il est souvent dépeint comme un amoraliste froid et calculateur, qui ne s'intéresse qu'à la stratégie et à la victoire.
3. *Yin* et *yang* sont les deux forces élémentaires. *Yin* est, entre autres, sombre, immobile, caché, et féminin ; *yang* est, entre autres, lumineux, actif, clair, et masculin.
4. Le « potentiel stratégique » (*shi*) se rapporte à la puissance latente et inhérente à certaines situations ou conditions. Il peut parfois désigner ces situations ou ces conditions elles-mêmes, mais l'idée d'une puissance cachée dans celles-ci est nécessaire afin de saisir ce concept. (Voir l'introduction et le chapitre 5).
5. Le « temple ancestral » est le lieu où l'on gardait les tablettes ancestrales, et où se déroulaient d'importants sacrifices en l'honneur des ancêtres. C'est également le lieu où l'on tranchait les questions d'État les

plus cruciales. Ici, Sun Tzu évoque les ultimes calculs stratégiques avant de partir en guerre. Il ne se réclame d'aucune pratique divinatoire, ni n'en défend la pertinence, car il considère que de telles pratiques n'ont pas leur place à la guerre.

CHAPITRE 2

1. Le terme de « kilomètres » traduit *li*, une unité de longueur équivalente à environ un demi-kilomètre.
2. Il n'a jamais besoin de recourir à de telles levées, car il a dressé un plan prudent qui lui assure une victoire rapide et décisive, et évité une campagne prolongée.

CHAPITRE 4

1. Ils étaient victorieux, car ils n'engageaient pas le combat contre l'ennemi sans savoir s'ils pouvaient vaincre, et sans avoir au préalable organisé les conditions permettant de s'assurer la victoire.

CHAPITRE 5

1. Les termes « régulières » (*zheng*) et « spéciales » (*qi*) se rapportent à la fois aux types d'unités et à leurs fonctions. Les opérations ou les forces *régulières* engagent le combat et occupent l'ennemi afin de le rendre susceptible d'être frappé de manière décisive par les forces *spéciales*. Ces deux termes apparaissent avec des significations proches dans d'autres œuvres composées à la même période.
2. La musique antique chinoise utilisait une gamme pentatonique, dont les notes sont nommées *gong*, *shang*, *jue*, *zhi* et *yu*.
3. La liste traditionnelle des couleurs comprend le noir, le bleu-vert, le rouge, le jaune et le blanc.

4. La liste des goûts, selon leur classification traditionnelle, comprend l'amer, l'aigre, le salé, le sucré, et l'épicé.
5. L'idée est que ces deux types de forces sont les éléments fondamentaux et constitutifs de toute bataille.
6. L'eau retenue et soudainement relâchée possède une puissance et une poussée terrifiantes. Nous voyons ici le rapport avec la manière dont le potentiel stratégique évoqué dans l'introduction implique la puissance inhérente à une situation ou à des conditions, et se rapporte toujours à elle.

CHAPITRE 6

1. Bien que ces termes eux-mêmes n'apparaissent pas souvent, la plus grande partie de ce chapitre concerne les manières dont ces idées se concrétisent à la guerre. L'une est le fait de demeurer « faible » aux yeux de l'ennemi, au point que nos troupes et nos intentions semblent se volatiliser. Cependant, il faut se préparer à rassembler de manière prompte et décisive ses troupes et son courage, afin de créer une force puissante et solide capable d'écraser l'ennemi. Il faut l'attaquer là où sa force est la plus fragile, sur ses « points faibles », tout en restant solide et en maintenant une défense impénétrable.
2. Le terme *xing*, ici traduit par « forme », est traduit ailleurs par « positionnement des forces ». (Voir la note 5 ci-dessous). L'idée est que la manière dont sont positionnées les forces est « la forme » ou « l'aspect » de celles-ci.
3. C'est une bonne illustration de la « solidité » et de la « fragilité ». Un ennemi retranché dans une forteresse représente la « solidité » à éviter. Il convient d'attaquer un point fragile ou faible, où l'ennemi

devra envoyer des renforts, créant ainsi pour nous un avantage à exploiter.

4. Yue était le grand État du Sud dans la Chine antique. La région du « sud de Yue » (*Yue nan* ou, en vietnamien, *Viet nam*) devint l'État du Vietnam.
5. Ici, « forme » traduit le mot rendu plus haut dans la phrase et à travers le texte par « positionnement des forces ». Voir note 2.
6. Il est fait ici référence aux notions de potentiel stratégique (*shi*) et de positionnement des forces (*xing*). Dans ce contexte, cette dernière notion se rapporte aux différentes actions de l'eau, aussi l'ai-je traduit par « pas de cours ou de forme figés ».
7. Les cinq éléments sont des forces fondamentales dans la métaphysique traditionnelle chinoise. Ils se suivent dans une série où chacun « domine » l'élément suivant. Il s'agit du métal, du bois, de l'eau, du feu et de la terre. Le métal domine le bois, le bois domine la terre, la terre domine l'eau, l'eau domine le feu, le feu domine le métal. Il faut ici retenir qu'aucun élément ne domine les cinq autres.

CHAPITRE 7

1. L'idée est que précipiter toutes ses forces dans la bataille, tenté par un gain potentiel limité, vous place dans une situation très désavantageuse. La phrase suivante décrit un cas similaire, où l'on se laisse piéger et l'on précipite ses forces dans une attaque insensée et impétueuse.
2. Lors d'une marche forcée, les troupes n'emportent qu'un minimum de ravitaillement et laissent leur armure lourde au camp, afin de pouvoir se déplacer rapidement sur de longues distances.

3. Dans chacun de ces trois scenarios, l'idée est que la marche forcée vous laisse avec une fraction seulement de vos forces totales disponible et prête à engager le combat avec l'ennemi. Aussi, de telles stratégies échouent souvent, et se révèlent toujours risquées.
4. Le texte original dit : « Laisse toujours à une armée encerclée une échappatoire ». Je l'ai traduit sous une forme prohibitive pour des raisons stylistiques. Le sens reste le même.

CHAPITRE 8

1. Les terrains *mortels* sont ceux qui ne laissent aucune voie de sortie : les seules alternatives sont la victoire ou la mort.
2. Les commentateurs ne s'accordent pas à propos de ce que sont ces neuf adaptations. La référence la plus raisonnable semble se rapporter aux neuf recommandations sur la manière de se comporter sur différentes sortes de terrains (les dix lignes précédentes excepté la dernière, relative aux ordres reçus).
3. Sur ce point également, les interprétations des commentateurs diffèrent. Il est possible qu'il s'agisse des avantages concernant les routes, les armées, les cités, les types de terrains et les ordres cités auparavant.

CHAPITRE 9

1. Ceci offrira à vos troupes un peu plus de chaleur.
2. Afin que vos troupes ne se retrouvent pas acculées au cours d'eau.
3. De cette manière, vous n'affrontez qu'une moitié des troupes ennemies, pendant que l'autre s'embourbe dans la traversée du cours d'eau. Se référer à l'exemple

du duc de Song, dont il est fait mention dans l'introduction, qui insiste sur le fait qu'il convient de laisser l'ennemi passer à gué et assembler ses rangs avant de l'attaquer.

4. Afin de s'assurer d'avoir des réserves suffisantes d'eau, de fourrage et de petit bois.

5. Les fantassins, qui portent leur bouclier au bras gauche, peuvent se protéger tandis qu'ils battent en retraite vers la droite ou l'arrière.

6. L'Empereur Jaune est un héros légendaire et un souverain idéal. On dit qu'il vécut de 2697 à 2597 avant notre ère, et que la race chinoise des Han descend de lui. L'armure et les armes font partie des inventions qui lui sont prétendument attribuées. Il mena de célèbres batailles contre les forces malfaisantes de Yen-ti et de Tch'i You. L'expression finale « des quatre points cardinaux » est une interprétation de deux caractères qui signifient littéralement « Quatre Empereurs » (*si di*). Comme aucune référence n'est faite à ces deux caractères, je les comprends comme les quatre manières de déployer des troupes inventées par l'Empereur Jaune afin de vaincre les rois qui s'opposaient à lui dans chacune des quatre directions, c'est-à-dire à travers l'ensemble du royaume.

7. À l'exception du premier et du dernier, nous ne pouvons être certains de ce à quoi se rapportent ces six terrains, mais il est vraisemblable que ces quatre types soient des collines, des canyons en cul-de-sac, des zones de dense végétation, et des régions instables qui pourraient s'effondrer lorsque des troupes les traversent.

8. Parce que l'ennemi coupe des arbres sur son chemin afin de débroussailler la route ou d'en utiliser le bois.

9. Cette section présente l'avis de Sun Tzu quant au besoin d'esprit de fraternité et de camaraderie parmi les troupes et les officiers. Cet aspect de sa pensée est davantage confucéen en soi, mais il est souvent oublié à cause des caricatures postérieures qui présentent Sun Tzu comme un stratège froid et sans pitié.

CHAPITRE 10

1. Les interprétations des commentateurs diffèrent au sujet de ce à quoi se rapporte chacun de ces types de terrains. Leur avis est très spéculatif ; aussi, je préfère laisser au lecteur le soin d'imaginer ce que Sun Tzu peut avoir à l'esprit dans chaque cas.
2. Comme précédemment, « le temps » traduit le terme qui signifie littéralement « cieux » (*tian*), et qui s'oppose au terrain, c'est-à-dire littéralement à « la terre » (*di*). Aussi la dernière phrase peut-elle être ainsi entendue : « Si tu comprends les cieux et la terre, ta victoire sera toujours assurée ».

CHAPITRE 11

1. Comme les descriptions suivantes le prouveront, l'enjeu est ici d'évoquer les effets psychologiques qu'ont les différents types de terrains sur les troupes. Par conséquent, les propos portant sur les types de terrains dans ce chapitre diffèrent des précédents, qui concernaient davantage les caractéristiques des terrains eux-mêmes. Au sujet des « terrains mortels », se référer aux premières lignes du chapitre 8.
2. Ce type de terrains est ainsi nommé, car les troupes sont tentées de déserter et de retourner à leur foyer, qui est à proximité.

3. De telles troupes obéissent spontanément aux ordres de leur général, car leurs destinées sont liées, et parce que le général leur témoigne un intérêt sincère.
4. Tchouan Tchou fut un célèbre guerrier de la Période des Printemps et des Automnes. Il naquit dans l'État de Wou et son courage était renommé. Tsao Kouei fut un fameux guerrier de la même période, originaire de l'État de Lou, et jouissant d'une renommée comparable.
5. Ce sont des méthodes destinées à exprimer la résolution des troupes à tenir bon et à combattre.
6. L'idée est que le général donne à ses hommes le sentiment qu'ils ne peuvent tourner le dos à l'ennemi : comme un carreau tiré par une arbalète, ils doivent voler vers le champ de bataille.
7. Une armée qui en encercle une autre laisse traditionnellement des voies de sortie pour les troupes qui souhaitent se rendre et quitter le champ de bataille. Sun Tzu conseille aux généraux de bloquer ces voies afin de montrer aux troupes qu'il n'existe qu'une manière de s'en sortir – en combattant.
8. Un « seigneur dominateur » était le roi d'un État capable d'unifier les États voisins et de gouverner comme un empereur de fait, mais sans avoir à détrôner l'un des anciens rois Tcheou dépourvu de réelle autorité.

CHAPITRE 12

1. Comme indiqué dans l'introduction, il s'agit du seul chapitre concernant un genre particulier d'arme plutôt que des questions générales d'organisation, de politique et de stratégie.
2. L'usage offensif du feu le plus célébré dans l'histoire de la Chine est celui de la bataille de la Falaise rouge. Le témoignage historique le plus complet

de cet engagement se trouve dans les *Chroniques des Trois Royaumes*, et l'on peut en lire un récit embelli et plus connu dans l'*Histoire des Trois Royaumes*. La bataille eut lieu à la fin du règne de la dynastie Han, vers l'an 208 de notre ère, entre les forces alliées de Lieou Pei et de Souen Ts'iuan d'une part, et celles de Ts'ao Ts'ao de l'autre, ce dernier étant l'auteur du premier commentaire de *L'Art de la Guerre de Maître Sun*. Ts'ao Ts'ao connut une défaite cuisante lorsque ses vaisseaux amarrés furent brûlés grâce à la brillante stratégie adoptée par Lieou Pei et Souen Ts'iuan.

3. C'est-à-dire sur des troupes en ordre de marche, dans leur camp ou en réserve.
4. Le système de constellations lunaires divisait le ciel en vingt-huit secteurs. Il équivaut dans ses grandes lignes aux douze constellations du Zodiaque occidental, à l'exception qu'il définissait le chemin de la Lune dans le calendrier lunaire, plutôt que celui du Soleil dans le calendrier solaire.
5. Sun Tzu nous dit que le grand général doit éviter tout ressentiment (*yun*) si ses capacités ne sont pas reconnues ou sont mésestimées. L'idée est qu'un général ne doit pas livrer bataille pour se faire un nom.

CHAPITRE 13

1. Au nombre de ces « travaux habituels interrompus » figurent l'agriculture et le tissage.
2. L'idée est que de telles personnes préféreront ne pas risquer leur position ou leur salaire, ni ne voudront dépenser quelque somme que ce soit, même relativement réduite, afin de s'assurer des services d'espions.
3. « Le filet divin » traduit *shenji*. Faire usage des cinq types d'espions est un « filet » en ce que ceci permet

au roi de tirer à lui des informations, comme un pêcheur tire à lui des poissons dans son filet. Ce travail est « divin » en ce qu'il ne s'appuie sur aucune action discernable.

4. Je traduis *si* par « mort » pour indiquer qu'il n'y a plus aucun contact avec ces espions : on envoie ceux-ci avec de fausses informations, et l'on n'attend pas qu'ils reviennent. En ce sens, ils diffèrent des espions « vivants». Certains commentateurs considèrent que *si* signifie que ces espions font face à un risque considérable et finiront probablement par être exécutés.

5. Les Yin font référence aux dynasties Yin ou Chang (1766-1122 avant notre ère). Les Hia se rapportent à la dynastie Hia (2205-1766 avant notre ère), et les Tcheou font référence à la dynastie Tcheou (1122-256 avant notre ère). Yi Tchi (plus connu sous le nom de Yi Yin) fut un ministre des Hia qui passa dans le camp des Yin. Lu Ya, ou Lu Chang (plus connu sous le nom de T'ai-kong Wang), fut un ministre des Yin qui passa dans le camp des Tcheou. Normalement, les règles de loyauté voudraient qu'un ministre meure avec son seigneur, plutôt que de faire l'espion pour le compte de l'ennemi, mais ces deux hommes sont généralement considérés comme des exceptions, car ils s'étaient rendu compte que les dirigeants qu'ils avait servis en premier lieu étaient fondamentalement corrompus.

GIUSEPPE CASTIGLIONE

JÉSUITE ET PEINTRE À LA COUR DE L'EMPEREUR DE CHINE

Giuseppe Castiglione naquit à Milan en 1688. Il pratiqua la peinture dès son adolescence et entra en 1707 au noviciat de Gênes. Ses talents artistiques furent immédiatement reconnus par sa hiérarchie qui accepta, à sa demande, de l'envoyer en Chine où les missionnaires jésuites avaient besoin d'un artiste-peintre. Il arriva à Pékin en 1715. On le présenta à l'empereur K'ang-Hi (1662-1722) et il commença à travailler comme peintre à la Cour.

Lors de ses premières années à Pékin, il adopta le nom de « Lang Che-ning », qui signifie « homme du monde tranquille ».

Il servira deux autres empereurs : Yong-tcheng (1723-1735) et surtout K'ien-long

(1736-1797), qui en fera son peintre de cour favori et lui décernera à sa mort, en 1766, le titre posthume de vice-ministre.

Son style est un mélange unique de sensibilité occidentale et de technique et de thématiques chinoises. Castiglione sut réapprendre complètement les techniques picturales et adapter son style au goût des Chinois.

Son œuvre influença profondément la peinture de cour en Chine et, à partir des Ts'ing, celle-ci commença à montrer une claire influence occidentale, particulièrement dans le traitement de la lumière, des ombres et des perspectives, ainsi que dans la priorité donnée à l'illustration d'événements contemporains.

NOTE DE L'ÉDITEUR

« *Le statut inférieur de la guerre et de ceux qui la mènent est évident dans la culture chinoise* », écrit Philip J. Ivanhoe dans son introduction, ce que confirment les thèmes traités par les artistes chinois traditionnels : la peinture ou la gravure de bataille, genre peu fréquent mais pratiqué à l'époque des Han (de 206 av. notre ère à 220 après J.-C.) et sous les Six Dynasties (IIIe-VIe siècles), est abandonné à l'époque Song.

Le choix d'une iconographie de qualité pour illustrer le très célèbre texte de Maître Sun se porta donc naturellement sur l'œuvre de Giuseppe Castiglione : outre la fascinante histoire de ce jeune jésuite, devenu peintre favori à la cour de l'Empereur de Chine, son œuvre combine comme aucune autre les influences de la peinture traditionnelle chinoise et les apports de l'art occidental.

Enfin, Castiglione fut un contemporain du Père Marie-Joseph Amiot, missionnaire français et jésuite lui aussi, qui, en 1772, offrit au public occidental la première traduction de *L'Art de la guerre* de Sun Tzu.

Pour la transcription des noms chinois, toujours en hommage à la première traduction du Père Amiot, et pour le plaisir de son charme désuet, nous avons préféré utiliser la transcription de l'école française d'Extrême-Orient (EFEO). Pour les patronymes usuels, nous avons choisi de conserver leur transcription traditionnelle en France (par exemple, « Confucius » plutôt que « Kongzi » en pinyin…). Toutefois, pour les noms communs ou certains toponymes, notamment dans l'introduction et dans les notes, nous avons conservé le pinyin.

LISTE DES ŒUVRES

Pages de garde (début), P. 71 (détail), P. 88 (détail) : *La grande victoire de Qurman*, 1759 – collaboration entre des peintres chinois et européens dont les missionnaires jésuites Giuseppe Castiglione, Jean-Denis Attiret, Ignace Sichelbart et Jean Damascene. – Musée du Palais, Pékin.

Dessin ayant servi à réaliser l'une des seize gravures de la série *Les conquêtes de l'Empereur de la Chine*, retraçant la campagne de l'empereur K'ien-long au Turkestan Oriental réalisées à Paris par Jean-Philippe Le Bas sous la direction de Charles-Nicolas Cochin *fils*.

P. 2 : Sun Tzu (Sunzi en pinyin), (vers 544-496 av. J.-C.), général chinois, stratège et auteur de *L'Art de la guerre*.

P. 44 : *L'empereur K'ien-long à son bureau*, avant 1767, attribué à Giuseppe Castiglione et Kin T'ingpiao (actif à la cour de 1757 à 1767), encre sur papier, 100,2 × 63 cm – Musée du Palais, Pékin.

P.46 : *Portrait de l'empereur K'ien-long à cheval*, non daté (1739 ou 1758), Giuseppe Castiglione (Lang Che-ning), rouleau vertical, encre et couleurs sur soie, 322 × 232 cm – Musée du Palais, Pékin.

P. 50-51 : *Les Kirghiz-Kazakhs offrant des chevaux en tribut*, 1757, rouleau horizontal, encre, couleurs et rehauts d'or sur papier, 45,4 × 262,3 cm – Musée national des Arts asiatiques-Guimet, Paris, don du général Henri Nicolas Frey, 1925.

P. 54 (détail), P. 98 (détail) : *Manchang enfonce les lignes ennemies*, 1759, Giuseppe Castiglione (Lang Che-ning), rouleau horizontal, encre et couleurs sur papier, 36,4 × 303,3 cm – Museum für Asiatische Kunst, Berlin.

P.58-59 : *L'Empereur K'ien-Long reçoit* à *Ge-ho les hommages des Eleuths* (présentation à l´Empereur des prisionniers faits lors de la pacification des tribues musulmanes), 1759 – Collaboration entre des peintres chinois et européens dont les missionnaires jésuites Giuseppe Castiglione, Jean-Denis Attiret, Ignace Sichelbart et Jean Damascene. – Musée du Palais, Pékin.

Dessin ayant servi à réaliser l'une des seize gravures de la série *Les conquêtes de l'Empereur de la Chine*, retraçant la campagne de l'empereur K'ien-long au Turkestan Oriental réalisées à Paris par Jean-Philippe Le Bas sous la direction de Charles-Nicolas Cochin *fils*.

P. 63 : *Portrait du garde du corps impérial Chan-yin-pao*, 1760, artiste non identifié, attribué à Giuseppe Castiglione, rouleau vertical, encre et couleurs sur soie, 188,6 × 95,1 cm – The Metropolitan Museum of Art, New York, acquisition, The Dillon Fund Gift, 1986.

P. 64 (détail), P. 84-85 (détail) : *La Grande Revue : III La revue*, 1747 ou 1748, plusieurs peintres de la cour, rouleau horizontal, encre, couleurs et rehauts d'or sur papier, 68 × 1550 cm – Collection privée.

Ce rouleau horizontal représente l'empereur K'ien-long passant en revue les troupes lors de la première Grande

Revue de son règne en 1739. Giuseppe Castiglione peignit également en 1758, à la demande de l'Empereur, un portrait de celui-ci passant ses troupes en revue lors de cet événement historique sur un rouleau vertical monumental actuellement au Musée du Palais à Pékin.

P. 68-69 : *L'empereur K'ien-long chevauchant avec des membres de sa cour*, *Mashutu* (détail),1755, Giuseppe Castiglione (Lang Che-ning) et al., rouleau vertical, encre et couleurs sur soie, 225 × 425 cm – Musée du Palais, Pékin.

P. 72 : *Faucon, pin et champignon de longévité*, 1724, Giuseppe Castiglione (Lang Che-ning), rouleau vertical, encre et couleurs sur soie, 271 × 174 cm – Musée du Palais, Pékin.

P. 78 : *Cerisiers*, non daté (1723-1735), Giuseppe Castiglione (Lang Che-ning), encre et couleurs sur soie, 33,3 × 27,8 cm – Musée national du Palais, Taipei.

P. 94-95, P. 126 (détail) : *La levée du siège de la Rivière Noire*, collaboration entre des peintres chinois et européens dont les missionnaires jésuites Giuseppe Castiglione, Jean-Denis Attiret, Ignace Sichelbart et Jean Damascene. – Musée du Palais, Pékin.

Dessin ayant servi à réaliser l'une des seize gravures de la série *Les conquêtes de l'Empereur de la Chine*, retraçant la campagne de l'empereur K'ien-long au Turkestan Oriental réalisées à Paris par Jean-Philippe Le Bas sous la direction de Charles-Nicolas Cochin *fils*.

P. 101 : *Portrait de K'ien-long*, 1735 ou 1736, attribué à Giuseppe Castiglione (Lang Che-ning), rouleau vertical, encre et couleurs sur soie, 242 × 179 cm – Musée du Palais, Pékin.

P. 104 : *Chasses à Mulan, Shaolutu*,1741, Giuseppe Castiglione (Lang Che-ning) et al., rouleau vertical, encre et couleurs sur soie, 267,5 × 319 cm – Musée du Palais, Pékin.

P. 110-111 : *Poissons et plantes*, non daté, Giuseppe Castiglione (Lang Che-ning), rouleau horizontal, encre et couleurs sur soie, 68 × 122 cm – Musée national du Palais, Taipei.

P. 114 : *Série les dix coursiers, cheval « rapide comme l'éclair »*, 1743, Giuseppe Castiglione (Lang Che-ning), rouleau vertical, encre et couleurs sur soie, 240 × 271 cm – Musée national du Palais, Taipei.

P. 116 : *Paysage de montagnes*, non daté, Giuseppe Castiglione (Lang Che-ning), rouleau vertical, encre et couleurs sur soie, 143 × 89 cm – Musée national du Palais, Taipei.

P. 122-123, pages de garde (fin) : *Le khan du Badakhsan demande à se soumettre*, collaboration entre des peintres chinois et européens dont les missionnaires jésuites Giuseppe Castiglione, Jean-Denis Attiret, Ignace Sichelbart et Jean Damascene. – Musée du Palais, Pékin.

Dessin ayant servi à réaliser l'une des seize gravures de la série *Les conquêtes de l'Empereur de la Chine*, retraçant la campagne de l'empereur K'ien-long au Turkestan Oriental réalisées à Paris par Jean-Philippe Le Bas sous la direction de Charles-Nicolas Cochin *fils*.

P. 132-133 : *Ayuxi brandissant sa lance anéantit les rebelles*, 1755, Giuseppe Castiglione (Lang Che-ning), rouleau horizontal, encre et couleurs sur papier, 27,1 × 104,4 cm – Musée national du Palais, Taipei.

P. 137 : *Portrait de Yin-li, Prince Kouo*, 1735, Giuseppe Castiglione (Lang Che-ning), rouleau vertical, couleurs sur soie, 31,4 × 36,6 cm – Musée du Palais, Pékin.

P. 142-146 : *La bataille de Tongcheng* (révolte des Taiping, 1850-1864).

P. 148 : *Message d'un printemps de paix*, non daté (vers 1735), Giuseppe Castiglione (Lang Che-ning), rouleau vertical, encre et couleurs sur soie, 267,5 × 319 cm – Musée du Palais, Pékin.

CRÉDITS PHOTOGRAPHIQUES

Achevé d'imprimer en décembre 2018
Imprimé en Chine

Dépôt légal – Juin 2015

拔達山汗納
款
罙入殲渠逃
望風情知三
窟已途窮嘉
彼識早獻馘
順笑彼悔遲
跋扈雄和衆
永安兩部定
成功速在五
年中
天恩如此昭
優貺保泰殊
殷慎勑躬
己卯長至月作
御筆